Primera edición: Enero de 2014
Segunda edición e impresión: Diciembre de 2016

Editorial Lavozdelviento
Pedidos: Lavozdelviento Radio
editoriallavozdelviento@gmail.com
Portada: Moisés Rojas
Correcciones y revisión: Moisés Rojas
Diseño y reimpresión: Moisés Rojas
Imprime: LULU y AMAZON srl Europe
ISBN-13:
9781095049310
Hecho e impreso en España y EEUU — Made and
printed in Spain and USA

INDICE:

PREFACIO

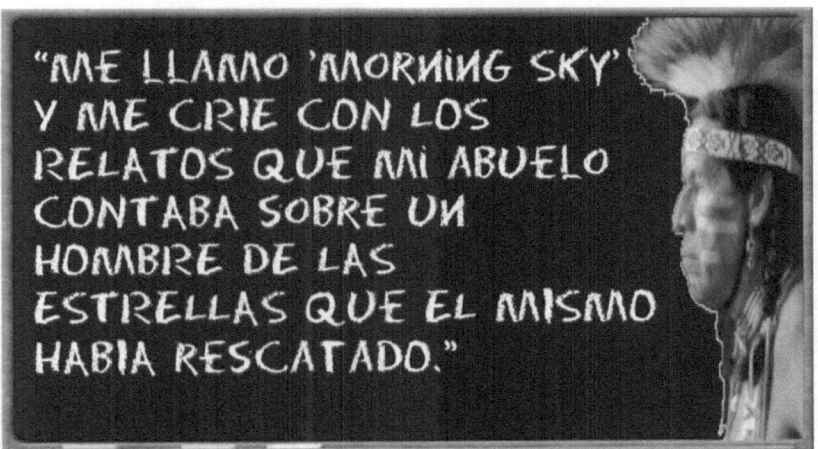

"ME LLAMO 'MORNING SKY'
Y ME CRIE CON LOS
RELATOS QUE MI ABUELO
CONTABA SOBRE UN
HOMBRE DE LAS
ESTRELLAS QUE EL MISMO
HABIA RESCATADO."

"**R**obert Morning Sky «cielo de la mañana» como se diría en español es un sabio apache que viaja constantemente fascinando a grandes y pequeños de todo el mundo.

Hace exhibiciones de los bailes, danzas y rituales tradicionales de los indios Nativos Americanos sobre todo al estilo apache, y luego cuenta esta historia ya sea en tertulias, conferencias, teatros, auditorios escolares, programas de radio, televisión y hasta en entrevistas personales, en cualquier lugar en el que la gente le escuche.

Se ha convertido en poco tiempo en un orador de masas invitado a conferencias y reuniones ufológicas. Sus palabras resuenan a verdades como puños. La gente recibe respuestas a muchas más preguntas de las que se atreverían a preguntarle, y regresan para escucharle una y otra vez.

Morning Sky ha sufrido varios robos en su oficina en los que han desaparecido archivos personales y equipos informáticos. Su caravana ha sido objeto de vandalismo. Ha sido amenazado de muerte. Ha sufrido grandes pérdidas, pero hizo una promesa a su abuelo, y no la romperá cueste lo que cueste.

Este libro, originalmente de Robert Morning Sky y acuñado los "**Documentos Terra - la historia Oculta del planeta tierra**," ha sido recuperado y traducido por este autor manteniendo el mensaje original de este indio apache filosofo y erudito en su máxima expresión.

Aunque el propio autor y traductor no coincide en muchas de las historias narradas aquí y discrepa de algunas de las interpretaciones y opiniones de Robert, le parece interesante al menos la esencia y los conceptos e ideas que se barajan en el contenido, no solo por los hombres de las estrellas (star beings), como hacen referencia los indios americanos a los extraterrestres en sus mitos, leyendas y fabulas, sino también al cúmulo de coincidencias y terreno circunstancial que hemos encontrado especialmente en común con Robert en cuanto a lo que nuestra investigación nos concierne sobre los illuminati, la elite y el papel que juegan los extraterrestres en este ámbito.

Si uno desea, y quiere buscar con ansia y un poco de tesón la verdad sobre los avistamientos de ovnis y extraterrestres que nos visitan a diario, y tiene la oportunidad de viajar a América. El investigador y estudioso serio de este tema debe primero empezar a indagar en las raíces del fenómeno y en el marco de la gran actividad ovni insólita y de índole diversa en el continente americano. Esto ocurre precisamente en las villas y las afueras de las ciudades americanas y dentro y fuera de las

reservas que es donde viven los nativos
americanos.

Ellos son pueblos con un concepto imparcial,
espiritual y transcendental sobre esta materia.
Los indios navajos, apaches, hopi o iroquois
tiene cientos sino miles de relatos de estos
dioses del espacio desde tiempos inmemoriales;
la mayoría según las historias relatadas por los
viejos indios del lugar, eran acerca de los
benevolentes **Baktis** que le enseñaban el gran
conocimiento de las serpientes o de los hombres
hormiga, y que incluso a veces llegaban a
abducir a propios miembros de la tribu para
devolverlos sanos y salvos al poder dentro de
esta "jerarquía tribal nativa americana"

INTRODUCCION

> "No estamos solos. Los astrónomos están equivocados. Los científicos están equivocados. Ellos están aquí entre nosotros, pero no podemos verlos porque se esconden. Se esconden...en plena vista. Somos sus siervos, somos sus esclavos, somos de su propiedad... Les pertenecemos"
> **ROBERT MORNING SKY, Indio Apache de California**

"Con el tiempo, el **ser estelar** llegaría a confiar en los seis indios. Mediante un pequeño cristal (¿dispositivo precursor del iPad? ¿Tal vez? Como lo describe Robert en los años 70 cuando no existía ni siquiera el teléfono móvil, obviamente parece la descripción de una especie de tableta como las actuales creadas por Steve Jobs) para crear imágenes, el visitante comenzó a comunicarse con los jóvenes indios. Llamándolo el "<u>Anciano Estelar</u>," los jóvenes se sentaron cerca de su arrodillado amigo estelar, examinando todas las imágenes cristalinas con gran esmero, que albergaban la increíble historia de nuestro sistema solar y de la mismísima humanidad.

El mensaje del Anciano Estelar era simple: Los seres estelares llevan aquí desde que la Tierra era una roca incandescente. Estos ya estaban aquí cuando el hombre fue creado y nos llevan vigilando a lo largo de nuestra evolución. En algunos casos su participación fue benevolente; en otros casos, no lo fue. La humanidad ha sido teledirigida y engañada. Los **Seres Estelares** han sido nuestros ángeles y demonios. Siempre han estado aquí, y aún ahora están aquí. Cuando se le presionaba para que explicase su presencia en la Tierra, el «Anciano Estelar» sorprendió a los seis amigos indios. ¡Hubo una guerra en los cielos arriba, su nave había sido derribada por fuerzas enemigas!

Mi abuelo fue uno de esos seis indios. Cuando era un niño, mi abuelo me contó la historia de su amigo estelar. Él y sus amigos lo llamaban 'Anciano Estelar' nombre que se le dio por respeto. Con el tiempo, les dijo a los indios su nombre verdadero. Se llamaba... **'Bak'Ti'**.

Me llaman «Cielo de la Mañana»...
¡Y esta es mi historia y la de mi abuelo!
Robert Morning Sky

CAPITULO I

SIGLOS DE CONTACTO ALIEN CON INDIOS

A continuación hemos incluido relatos y artículos de experiencias, visiones, avistamientos y revelaciones sobre los extraterrestres, su comunicación y contacto con los indios americanos desde el punto de vista de los nativos indios de norte-américa y no de los ya famosos y reconocidos expertos de Europa y américa caucásica que asistieron al congreso de 1996 y que un servidor estuvo presente. Está por tanto centrado en sus revelaciones y no en las del mundo "blanco."

Durante más de diez días en Junio de 1996, la reserva de los indios Sioux de Yankton que yace sobre la altiplanicie de Dakota del Sur se reúne la elite y líderes tribales de todo el planeta, además de la asistencia de público Euro-Americano para absorber conocimiento y aprender. La ocasión fue el congreso del conocimiento estelar y la danza del sol, convocada por el líder espiritual sioux de los lakota **Standing Elk** ("Alce Alzado" Laurence Zephier) en respuesta a una visión que tuvo y que experimento en 1995.

La visión le mostro que el conocimiento espiritual de los indios americanos sobre las «**Naciones estelares**» tenía que ser compartido con el mundo en general fuesen o no fuesen indios. Esta conferencia sirvió con el propósito también de cumplir ciertas profecías antiquísimas de los Hopi y los Lakota.

Los chamanes espirituales de las tribus de la altiplanicie del medio oeste (Lakota, Oglala, Dakota, Blackfoot, Nakota) se juntaron con otros portavoces indios del este (Iroquois, Oneida, Seneca y Choctaw) y del suroeste (Hopi, Yaqui y Mayan). Además, entre otros invitados incluían el jefe chaman Maorí de Nueva Zelanda, y también un Saami de la tribu sueca indígena del circulo ártico. Los maestros indios americanos asistieron para corroborar ciertas señales que predecían las antiguas profecías nativas americanas.

Estas señales significan para los indios que deben ya revelar al mundo su tradición oral que había sido ocultada y hermetizada por los viejos de la tribu que no se le permitía hablar de estas tradiciones orales indígenas a gente fuera de la tribu. Estas tradiciones según transmitieron en este congreso las tribus incluye el *origen de los indios Americanos en las estrellas*, la fuerte influencia de los **visitantes de las estrellas** en la formación de su cultura, folklore, sus creencias espirituales, ceremonias, rituales, y por último el inminente regreso de las **naciones de las estrellas.**

Lo que sentó precedente en esta reunión fue cuando Alce Alzado hizo un comunicado público de prensa pidiendo perdón a los ancianos y ancestros sabios de la tribu declarando que "*este sagrado conocimiento de las tribus y sobre los extraterrestres debe ser ahora compartido con nuestros hermanos de las cuatro esquinas de la tierra*" (con todo el mundo, no sólo indios americanos). También, se invitaron a asistir a famosos, eruditos y expertos en ufología euro-americano para que dieran sus ponencias. Los más notables ponentes que asistieron entre otros era el sargento Bob Dean y ex trabajador de la OTAN, el profesor de Harvard Doctor John Mack, el autor y abducido Whitley Strieber, también destacaron en este congreso el cirujano jefe finlandés Rauni Kilde y por parte de la universidad de Wyoming Leo Sprinkle y por último el gran psicólogo e investigador de ovnis Richard Boylan.

ENCUENTROS CERCANOS CON EXTRATERRESTRES DE ALCE ALZADO Y OTROS INDIOS

Alce Alzado, Guardián de los Lakota del altar de las naciones estelares de los 6 picos, apuntó que no solo los hombres y chamanes o "hombres medicina" son capaces de comunicarse con la consciencia de las entidades espirituales de la madre tierra, como el águila, el venado, el coyote y también con los espíritus de extraterrestres.

"Las naciones estelares fueron cruciales en mantener y enviar sus vibraciones para acabar con la amenaza de otras religiones de otras razas infiltrándose en nuestras tribus y sus peligrosos sistemas de pensamiento, de educación y economía. El sistema de los extraterrestres que nos llevan contactando durante siglos está basado en el espíritu, en el pensamiento positivo de las leyes del universo no de las leyes materiales del hombre blanco. El colapso de la economía de estados unidos y de sus ramas religiosas es un tema de seguridad nacional para el gobierno de los EEUU, y por eso ilegalizaron a los sistemas de los

Lakota-Dakota y que estos pudieran participar en medios de comunicación y en la vida normal de mezclarse con otros ciudadanos "no indios americanos."

Alce Alzado añadió que "los hombre sabios de nuestras tribus de los Lakota y Dakota se les están dando órdenes para que compartan el mensaje de los seres de las estrellas con el mundo ya que los gobiernos y la familia humana está contaminando la tierra y causando un caos sin precedentes en la historia de la humanidad".

Alce Alzado nos conto una historia de cuando era niño, el mismo fue testigo de un avistamiento de un ovni gigante que descendió sobre el valle del Rio Missouri, bolas de luz verde, de una dimensión cercana de un campo de futbol cada una, cuyas luces lo cegaron por instantes. A través de portales o umbrales en estas naves pudo ver varias veces, lo que parecían personas que andaban por la nave, salían y volvían a entrar. Durante un encuentro cercano con una de ellas conoció a un humanoide de 2 metros 50 de alto que vestía ropas blancas y de una edad a simple vista entre 35-40 años, era muy rubio y muy blanco. En el compartimento que estuvo con él en la nave había mucha luz y había máquinas que ahora reconoce como una especie de ordenadores, los cuales operaban a través del pensamiento sin necesidad de tocarlas.

Alce alzado también hablo de otras experiencias de otros indios como la de un Sioux que confirmo en su ponencia y vivencia que existen los extraterrestres, y algunos son parecidos a las hormigas con grandes ojos negros como bolas, dedos muy largos de los pies y de las manos. El sioux nos contaba que algunos viven allá fuera en nuestro sistema solar o más allá de sus confines y otros incluso más cerca, en la cara oculta de la luna. Las leyendas y el folklore Sioux por ejemplo, apunta a que su orígenes y raíces residen en las pléyades, aunque otras tribus proceden de Sirio o del sistema de Orión, Robert Morningsky indicaba que la palabra "oración" viene exactamente de la palabra Orión y de estos seres avanzados espiritualmente.

En la cultura india norteamericana es muy común tener una caseta para meditar durante unas horas o incluso días, se llama el "sweat lodge" y este relata que Zetas "Grises", le comunicaban respuestas a sus cuestiones e incluso nuevos mensajes. Alce Alzado, este gran jefe indio, sincero y abierto de mente y corazón nos contaba fuera de micrófono que también le visitaron un día en su tienda unos seres de las estrellas que no llegaban a medir más de 1 metro y 30-40 cm con piel anaranjada y ojos largos y oscuros. Aparte nos comentó acerca de la gente estelar azul como los pitufos y otra raza espacial de color verde y en sus palabras "muchas más de 100 razas de visitantes galácticos que el humano desconoce y existen allá afuera en el universo".

Aseveró este gran sabio indio "que el camino de las estrellas y el viaje interestelar es común en todas las culturas galácticas en el universo".

Después nos comentó que varios de los profetas bíblicos y de las religiones incluso a lo mejor Jesús podrían haber sido seres estelares visitantes de otros mundos y no necesariamente humanos terrestres.

Además para rubricar esta ponencia Alce Alzado incidió en el hecho que cuando en Roswell se estrellaron varias naves, los indios locales, los Cherokee, fueron los primeros en avistar este accidente, y que rumores entre los indios del lugar apuntan a que los 11 símbolos encontrados en el siniestrado aparato espacial tiene dos significados diferentes: Una ley universal y una ley espiritual.

Durante la finalización de su ponencia este indio americano experto en la tradición indígena de los seres estelares expuso y proyectó varios símbolos de seres extraterrestres que él había recibido en su caseta de meditación a lo largo de su vida sobre seres del espacio que se le manifestaron mientras hacia esta meditación al estilo Sioux y su tipo de trueque espiritual y universal que mantenía con estas razas aparentemente benevolentes.

Otro de los sabios de las tribus indias que dio una magnifica presentación fue un indio Oglala, Floyd Hand, que entrelazó temas religiosos con temas extraterrestres. Hablo de los avatares como Jesús, Buda, Muhammad, y White Búfalo Calf Woman, (esta última, una mujer extraterrestre la madre espiritual de los Sioux que les proveyó con conocimiento espiritual y curas ceremoniales para mantener la salud de la tribu). Floyd decía que "los Avatares son seres esterales". También menciono que las 7 diferentes galaxias están representadas de una manera sutil en la tierra: "Cada tribu americana tiene su propia raza de extraterrestres de origen. Apostilló además que varias de estas razas se harían visibles después de los años 2000 y que ocurrirían cambios en mucha gente y que se empezaría a ver en el siglo XXI.

Los cambios se notarían en la atmosfera y en un progresivo cambio del tiempo, (estamos hablando de 1995-1996 no existía aun la teoría del calentamiento global por entonces) seguido de un aumento de sequias, inundaciones, fuegos en California y otras partes de Europa y Asia, y faminas al cambio de siglo.

(Muchas de estas ocurrencias de hecho se han producido en Haití, New Orleans, España, Australia y

California etc.). Otros ponentes indios incluyeron documentación de avistamientos por ejemplo allá por los 1800 cuando florecía el Wild West y como cowboys e indios encontraban restos y se fotografiaban con partes de platillos volantes o cuerpos que se estrellaban a veces contra su territorio.

En el folklore indio norte americano existen 4 señales o avisos: La primera fue gracias al nacimiento de una ternera de búfalo blanca en un rancho de un hombre blanco cuya piel se volvió de los 3 colores de las naciones indias americanas (amarilla, roja, y negra).

La segunda señal es otro nacimiento del mismo espécimen de búfalo pero de un ranchero Sioux aunque este murió. Señalo uno de ellos "No tenemos derecho a matar a animales que son sagrados ni para comer." La tercera señal fue un tercer espécimen de búfalo blanco pero nadie escucho ni vio esta señal que significa muerte y sufrimiento, y la cuarta y última señal será en el futuro que los seres esterales vendrán a Santa Fe en Nuevo México.

Floyd Hand instó en el congreso a dejar las ciudades y mudarse al campo para recuperar la comunicación y la comunión con la madre tierra y para poder agudizar los sentidos. Floyd predice que allá por el 2020 "habrá un nuevo gobierno mundial y la mayoría de la gente pasará penumbras, guerras y faminas y seremos mal guiados por una clase elitista".

La india Iroquois Paula Underwood hizo una presentación sobre formas de vidas que no son terrestres, dio categorías a estos seres, sus diversas formas físicas y de pensamiento, y respondió a preguntas complejas apostillando que "aquellos seres que caminan a dos patas son nuestros herman@s. Procedemos de la unidad del universo". Underwood mencionó también los mensajes telepáticos por medios enteogénicos que recibieron durante siglos sus ancestros: "Vamos a ir a la tierra pronto." Y sus ancestros respondieron a los seres del espacio, "No vengáis todavía; no estamos preparados." Los seres respondieron, "¡Preparaos ya!"

Otro indio Lakota Harry Charger debatió que la tradición oral de los indios Sioux incluye mensajes y visitas de los seres espaciales, y que el 50% de las veces que tienen un encuentro con ellos, es una manifestación o proyección mental porque ellos lo desean y que el mensaje más común es el ecocidio de la tierra que estamos cometiendo. Harry habla de la experiencia de un niño que le dijo su abuela india que hiciese una pelota pero que esta no botara.

 Las viejas de la tribu la probaron y cuando aterrizo no rebotó del suelo. Todas sonrieron.
Después Harry se dio cuenta que esto era un ritual que copiaba el aterrizaje de una nave esférica y como esta se posaba suavemente igual que le sucedía a la bola del niño en las tierras de los Lakota. Otro Lakota relató sobre el origen de su tribu sioux, y de una bella dama blanca como la nieve que brillaba cuando se les apareció, le llamaron la mujer del búfalo blanco. Esta mujer que apareció de la nada los instruyó en muchas cosas sobre todo del espíritu y del universo.

Pero uno de los indios tuvo intenciones perniciosas y eróticas al verla tan esbelta y bella. El indio murió al instante de aproximarse a ella. Charger dice que estamos en la misma encrucijada a la hora de acercarse a estos seres, o regresamos a la tribu con su mensaje o algo malo pasará. Debemos actuar sabiamente.

La doctora Rauni-Leena Kilde hablo también sobre extraterrestres y como estos crearon a sus ancestros escandinavos de la tribu Saami del ártico. Entre sus contactos citó a un piloto de la USAF veterano Airman Charles Hall el cual le comentó que las tribus escandinavas son descendientes de razas de seres estelares de la Estrella de Barnard que es una estrella en la constelación de Ofiuco.

Rauni recuerda que su primer encuentro con seres de otros mundos fue a causa de un accidente de tráfico, y a la vez que yacía moribunda en el coche en el medio de la nada, un ser la curo al instante. Horas después cuando fue atendida por la ambulancia y en el hospital, no se podrían creer que Leena hubiese sobrevivido a tal accidente mortal. También relata otros encuentros de pequeña en su tribu Saami en el norte de Finlandia. Por otra parte nos dijo que los casos de contacto con alíen en Escandinavia tienden a ser más moderados pero la gente es abierta al tema y los extraterrestres más populares son vistos como seres pequeños, oscuros de tez y con arrugas aparentes en su rostro, a estos les

llaman la raza **Onoogie**. Su país actual Finlandia hace frontera con Rusia, cuyos cosmonautas fueron amenazados de muerte si hablaban del tema OVNI y ella misma se entrevisto con unos cuantos.

Steve Búfalo Rojo (de los Lakota) empezó su ponencia hablando de los seres de las Pléyades. La raza Sioux puede delinear su origen hasta las estrellas o la constelación de las 7 Hermanas. Las Pléyades tiene una fuerte conexión con los chanupa, la pipa sagrada, la cual simboliza la unión entre la madre tierra (el cuenco rojo) con el firmamento (el tallo hueco que utilizan los indios para fumar la pipa de la paz y se eleva hasta el cielo.)

El líder espiritual de los Dakota Chanupa Wambdi Wicasa (El Hombre Venado) apuntaba que incluso el Papa Juan Pablo II y varios papas eran los llamados "Pipe Carrier" (como un guardián espiritual de conocimiento según los indios).

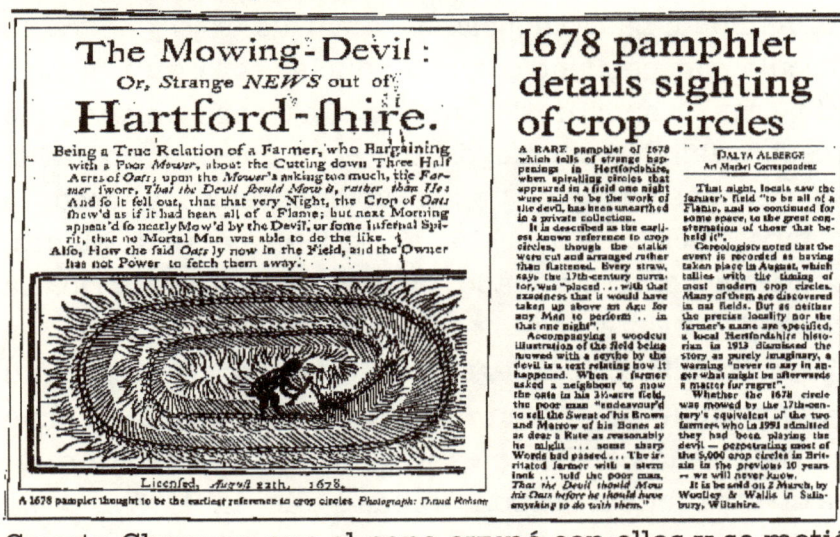

Cuenta Chanupa que el papa ayunó con ellos y se metió en una caseta de meditación para hacer una ceremonia y ritual con los Dakota cuando este visitó Canadá y felicitó a los Dakota por haber mantenido su cultura y tradiciones durante siglos en este mundo "blanco".

Chanupa el llamado hombre venado, interpretó un círculo de la cosecha inglés el cual mencionó que incluía un mensaje muy transcendental e importante para la humanidad.

El círculo de la cosecha estaba formado por 4 círculos elípticos como las orbitas de los planetas. Los 4 primeros tenían un sol central con un tipo de planeta que era como una "bola o cuenta en forma de perla" incrustada en cada órbita excepto en el tercer círculo. El anillo superior era como una cadena de "cuentas o bolitas" de varios tamaños. El círculo de la cosecha en su plenitud es el círculo de la vida según este jefe sioux. Los cuatro círculos de dentro son las 4 naciones de la humanidad: Las razas blanca, amarilla, roja y negra. El círculo más pequeño cerca del núcleo es la raza blanca. El gran espíritu le dio a la raza blanca la responsabilidad del fuego. Pero el hombre blanco olvidó su responsabilidad, y tan aberrantemente creó la bomba nuclear. La órbita elíptica de la raza blanca, continua hombre venado, está fuera del equilibrio. La segunda orbita es la raza negra que tenía la responsabilidad del agua. Y también olvidaron su responsabilidad. Como resultado las aguas se han contaminado causando cáncer. La tercera orbita es la raza roja cuya responsabilidad fue la tierra y su "bolita" falta en el círculo.

Esta "bolita o cuenta" falta en el circulo porque la nación roja todavía camina junto a Tunkashilas (los abuelos, guías espirituales). La cuarta orbita es la raza amarilla, cuya responsabilidad es el aire. Pero las factorías industriales asiáticas contaminan el aire también.

INDIAN LAND FOR SALE

GET A HOME
OF
YOUR OWN

EASY PAYMENTS

PERFECT TITLE

POSSESSION
WITHIN
THIRTY DAYS

FINE LANDS IN THE WEST

IRRIGATED
IRRIGABLE

GRAZING

AGRICULTURAL
DRY FARMING

IN 1910 THE DEPARTMENT OF THE INTERIOR SOLD UNDER SEALED BIDS ALLOTTED INDIAN LAND AS FOLLOWS:

Location	Acres	Average Price per Acre	Location	Acres	Average Price per Acre

Hombre Venado comentó también que "Hemos llevado estos desequilibrios a nuestras razas y nosotros mismos

Las razas rojas que están encargados de la tierra y la naturaleza no pueden luchar contra los herbicidas, la lluvia acida y las pruebas nucleares bajo tierra que se llevan a cabo." El gran espíritu, continuó Hombre Venado que las otras razas debían haber seguido el camino de la raza roja pero se perdieron.

Y el círculo superior o último del círculo de la cosecha significa las naciones estelares. "las naciones del espacio están aquí para ayudarnos." "Tenemos que ayudar a la tierra a que vuelva a su equilibrio. El tiempo llega a su fin, antes de lo que creéis. No habrá coches o televisiones entonces." Los abuelos del indio Hombre Venado le enseñaron que estamos al filo del final del Cuarto Mundo. Estamos a punto de entrar en el Quinto Mundo. [Esto es recurrente y coincide con las profecías de los indios Hopi.] "Nos llevara casi 9 Mundos antes de que lleguemos al mundo espiritual."

El jefe espiritual de todas la tribus de los Maoríes de Aotearoa (Nueva Zelanda), Mac Wiremu Ruka, dijo también en esta conferencia que los origines maoríes residían en lejanas constelaciones.

Los indios Choctaw y su jefe el hombre pantera (Preston Scott) contaba en otra oratoria interesante sobre avistamientos e incluso de espíritus de extraterrestres. De pequeño su madre le dijo que fuese para casa cuando vio aproximarse una nube reticular y una especie de rayo cayó cerca de él al mismo tiempo y lo tiró para atrás antes de que llegara a casa. El hecho de ser golpeado por un rayo o similar se llama poder del gran espíritu o **heyoka** indio.

Una noche de verano el hombre pantera, para ser más preciso el 15 de Junio. Cuando estaban rezando plegarias al gran espíritu en una tienda, dos luces rectangulares de gran color y brillantez se aproximaron a los sabios indios que danzaban fuera de la tienda junto al fuego.

A esto se añadieron 6 espíritus dentro de la tienda india. A la vez un gran ovni había pasado por el campamento lentamente, los espíritus compartieron conocimientos con los indios. A simple vista, siguió explicando parecía un satélite pero hizo varias maniobras de manera geométrica y giraba sobre sí mismo a la vez como una peonza.

Otro jefe indio nos conto su experiencia, Eagle Pipe Man, (El Hombre Pipa Águila alias Galen Drapeau), que es el médico de la tribu. Su camino espiritual se expandió cuando tuvo una experiencia fuera del cuerpo cuando le estaban haciendo cirugía en el cráneo y tuvo una visión de uno de sus ancestros que sacaba bolas energéticas del cuerpo de gente enferma en el pasado.

Y además nos comentó sobre un OVNI que sobrevoló su reserva en Bear Butte, una cumbre volcánica en Black Hills que es un sitio sagrado para los indios Sioux. Y después hablo de los altares sagrados o sitios mágicos donde se reúnen los sabios de la tribu junto con los seres estelares. En estos lugares los extraterrestres dijeron que mandan rayos de luz azul para dar señales de su situación a sus compañeros que sobrevuelan a miles de metros en el cielo.

Hombre Pipa Águila nos contó también que cuando hacía una curación a una mujer, un ser de las estrellas muy mayor, aterrizó cerca de donde estaban haciendo esta ceremonia de cura. El visitante del espacio era alto de color gris y con ojos alargados. Pipa Águila hizo la "canción de la llamada" de los espíritus de sus ancestros "tunkashilas" y lo agarró por el brazo mientras oraba el ser de las estrellas. Este ser le dijo algo telepáticamente: la tierra esta muriéndose, que su planeta el del extraterrestre también estaba ya muerto y sin vida. Me dijo esto porque decía que los indios son los únicos humanos que tienen el poder de ayudar a la madre tierra y a concienciar a otros para regenerar la tierra.

Hombre Pipa Águila tuvo un sueño premonitorio en 1995 que le instaba a ir a una reunión donde los vínculos sagrados y las pipas de fumar formarían un triangulo. Ese sueño llegó a realizarse en junio del siguiente año el día 23 en Greengrass, Dakota del sur. Donde los Sioux (la pipa), los Cheyenne (flechas) y el Arapaho (el sombrero secreto) se juntaron. Esto cumple la profecía sobre el comienzo de los 1000 años de paz.

Rod Shenandoah, un chaman indio llamado Blackfoot-Oneida (Oneida Pie negro), durante una ceremonia de la danza del sol nos explicó acerca de los seres de las estrellas y sus visitas. Textualmente nos dijo "los indios americanos se consideran unos privilegiados" Desde que los seres del espacio nos contactaron y se comunicaron con nosotros. Los indios siempre han considerado las visitas espaciales como hechos sagrados. Wallace el alce negro y jefe de la tribu Elk tuvo una de estas visitas durante días de aislamiento, ayuno y peregrinaje espiritual o como lo llaman *hanblechia* .

*ARRIBA EN FOTO DE ARCHIVO DE LOS INDIOS HE MARCADO CON ROTULADOR ROJO UN POSIBLE AVISTAMIENTO OVNI BASTANTE VISIBLE CERCANO A SU POBLADO EN EL DESIERTO.

Arce Alzado nos comentó que los visitantes de las estrellas nos contactan para hacernos conscientes y saber cómo manejar y gestionar los cambios del planeta y de nosotros mismos espiritualmente. Los jefes de los seres del espacio son homenajeados desde tiempos ancestrales por las tribus indias norteamericanas e incluidas en el panteón de nuestros ancestros. Una frase que se utiliza reverencialmente para incluirlos en los contactos entre indios y extraterrestres es "**Mitakuye oyasin!**" (¡*Son nuestra familia!*).

En repetidas ocasiones este jefe indio con gran carisma y conocimiento Arce Alzado nos dijo que los visitantes hablan telepáticamente con los indios el lenguaje simbólico espiritual primordial de los Sioux [es diferente que el de los Lakota] y contiene palabras crípticas que ayudan y estimulan la comunicación telepática.

Los mismos seres del espacio que han visitado a los Sioux, también lo llevan haciendo con los indios Hopi. Este gran jefe indio dijo que los indios americanos y sus primos estelares comparten el mismo ADN.

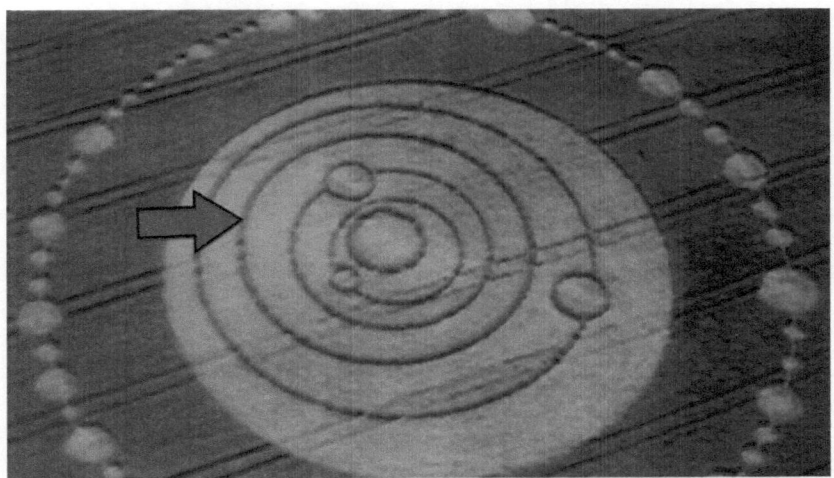

A otro punto que se llevó el tema, se comentó que los seres de las estrellas conocen la ley del Karma. Los jefes de todas estas tribus finalizaron la conferencia haciendo un circulo con todos los participantes instando a la paz y armonía mundial y una entrada espiritual en lo que llaman el **CUARTO MUNDO** (the Fourth World)

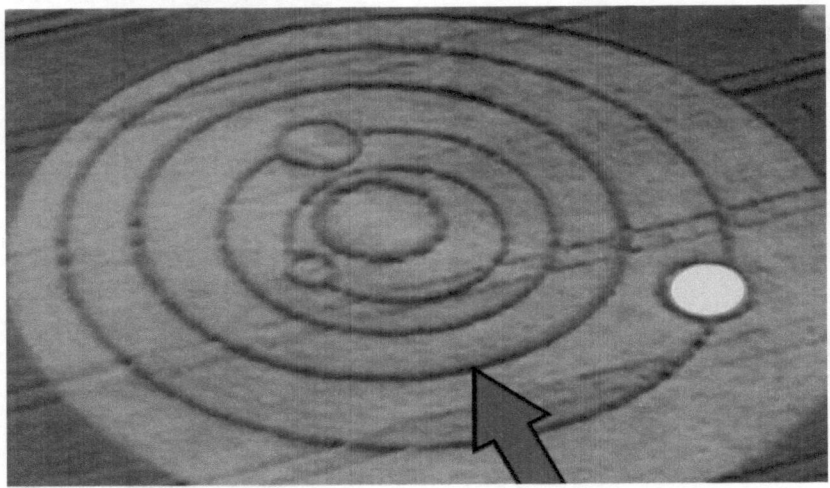

✦ CAPITULO II

EL ROSWELL NATIVO AMERICANO

El primer encuentro con aliens e indios registrados data del año 1200. Según la leyenda india, una gran batalla se libró entre los Cherokee y Catawba indios cerca de Brown Mountain. Los Cherokees creían que las luces eran los espíritus de vírgenes indias que buscaban sosiego en sus amados a través del tiempo y siglos de añoro. Una de las más famosas leyendas es la de Brown Mountain Lights donde un cazador y negrero de una hacienda de esclavos desapareció en las montañas, sus esclavos lo fueron a buscar con linternas y desaparecieron también.

Lina White Wolf
from Cherokee Nation

El abuelo de Robert Morning Sky ayudó de hecho, según nos cuenta el mismo, a rescatar uno de los pilotos alien justo después del famoso accidente OVNI de 1947 (Roswell New México). Nos dice que algunas naves tripuladas son fabricadas en el área 51 o S2 y se estrellan después de estar en periodo de pruebas pero otras son extraterrestres en origen y son derribadas por una fuerza especial Americana que se encarga de ir a rescatarlos después del derribo. Su abuelo y otros 6 indios lo rescataron y lo escondieron de los americanos durante meses en un campamento en el desierto. Y el extraterrestre les dijo que había una batalla entre razas y grupos secretos terrestres allá arriba.

Abordaremos de ahora en adelante el tema de las leyendas de los nativos americanos en este segundo capítulo, desde un punto de vista perteneciente a las tradiciones folklóricas de diversas tribus indias no a la convencional antropología del hombre blanco occidental y su comunicación con seres extraterrestres o estos últimos incluso que pudieron ser sus ancestros.

La forma de pensar de los indios americanos no es necesariamente la misma que la de los occidentales y la mitología india es como un dogma de fe que ha pasado de generación en generación. La historia empieza hace muchos años y sigue hasta nuestros días actuales en las reservas indias, en lugares familiares para los indios como Montana y el Oeste americano donde las leyendas de los seres de las estrellas han perdurado durante siglos junto con informes o expedientes X indios de contacto personal entre tribus y extraterrestres.

El nexo común en las leyendas de los indios americanos es la referencia al cielo y las antiquísimas interacciones con aquellos moradores del firmamento o que resultaron en catástrofes o formaciones de astros celestiales, tales como las Pléyades, todo esto debido a sucesos relacionados con nuestro planeta.

Esta constelación de las pléyades aparece como lei motif en un montón de leyendas indias y sobre todo dando al carácter indio de morador en el exterior, en la naturaleza, en el campo y en el medio salvaje y no dentro de una casa o ciudad como los occidentales.

La leyenda de los Lakota dice que 7 vírgenes fueron perseguidas por un oso. Se arrodillaron para rezar y gracias a la intercesión de un ser divino que surgió de debajo del suelo directo hacia el cielo salvando a las chicas de ser atacadas mortalmente. Cuando el oso arañó esta estela que dejo el ser divino se formo lo que los indios llaman the Devil's Tower (la torre del demonio en Wyoming), las garras del oso son los surcos que van hasta la cima de esta montaña y las 7 vírgenes eran las propias pléyades ascendidas en el firmamento que se divisaban desde lo alto.

Los Hopi creen que sus ancestros vinieron o proceden de las Pléyades, el lugar y la gente que ellos denominan Chuhukon, o, aquell@s que siempre van juntos y se aferran a un sitio para lograr un objetivo conjunto.

También los Dakota hablan de las Pléyades, o Tiyami, como la casa de sus ancestros indios. Pero casi todas las tribus indígenas de Norteamérica hablan de su procedencia en las estrellas sea bien las pléyades u otras constelaciones. Los Cree, por ejemplo, vinieron de las estrellas en forma de espíritus y después tomaron cuerpo humano.

Otras tribus como los Tepee o los Lakota cuentan sus leyendas de esferas de luz que llegaron a la tierra desde el cielo y que abducen niños indios e incluso los educan y los hibridaban con su prole estelar.

Los indios Zuni hablan que sus ancestros vinieron de los cielos opuestos, en la actualidad lo acuñan en ingles como ´Star people´ gente de las estrellas, no del cielo. Clifford Mahooty, un sabio Zuni y miembro de la sociedad Kachina, me dijo que sus abuelos "mantenían contacto y relación familiar con seres del espacio". Mahooty deja claro que la lengua de sus ancestros obviamente no era inglés, pero que estos conceptos los tiene que interpretar en esta lengua para que sea comprensible a los no indios. Mahooty sin ninguna vergüenza y tapujos parece afirmar que sus ancestros eran extraterrestres y que estos aun se relacionan con él y su prole en tiempos modernos, además de ser los iniciados en las plantas enteogénicas como el Peyote y sus experiencias astrales y alucinatorias con dichas plantas para comunicarse con sus ancestros y con extraterrestres.

Uno se puede suscribir a la idea que todas estas leyendas y fenómenos son debidos a hombres del espacio, sin embargo, los indios son capaces de diferenciar entre espíritus tanto de la naturaleza como de los humanos, espíritus de los extraterrestres, extraterrestres físicos de otros sistemas solares e incluso seres inter dimensionales que pasan de una plano a otro a veces en una forma espiritual y otras tomando forma física y a menudo como demonios para engañar a la humanidad.

Mientras los fans de las series de antiguos astronautas se unen a pasajes místicos de la biblia y textos sagrados como eventos que apuntan a una intervención extraterrestres en la antigüedad, el famoso jefe de tribu Oglala Sioux, Alce Negro, que había vivido desde 1866 hasta 1950, estuvo haciendo shows con Búfalo Bill cuando era un adolescente, y después se convirtió al catolicismo, el hacia distinciones entre episodios místicos, espirituales y extraterrestre. Las escrituras de este sabio indio son tan arcanas y simbólicas como las del libro del apocalipsis, pero en el siguiente pasaje escrito por **Alce Negro**, Los caminos sagrados de los indios Lakota, republicado y editado por Wallace Black Elk y William Lyon, este chaman sioux no tiene pelos en la lengua, y dice, "Un día me acerque a la tienda y un disco vino desde el cielo, los científicos lo llaman UFOs (OVNIS)... pero eso es un chiste ¿entiendes?, Porque no están formados en este tipo de sabiduría y conocimiento... Así que ese disco aterrizó encima de mí. Era cóncavo, y había otro arriba de ese. No hacían ningún ruido o sonido. Brillaba como el sol y tenía una especia de luces de neón. Incluso las sotanas sagradas brillaban, hasta podían encender un cigarrillo del calor que desprendían también. Había un montón de pequeños seres que vinieron en grupos y hablaban diferentes idiomas. Podían leer mentes y pensamientos pero yo les podía leer el suyo también. La comunicación no era hablada era silenciosa. Es como si leyeses símbolos y fotografías en un libro. Éramos capaces de comunicarnos... eran humanoides como nosotros los sioux... Así que les di la bienvenida, Dije: "Bienvenidos bienvenidos"

Un prominente indio Lakota de Fort Peck Reservation en Montana, y activista político me comentó en petit comité que los indios siempre han tenido nociones de gente de las estrellas desde hace siglos y que su gente tienen en gran estima a estos seres de las estrellas como si fueran ángeles o espíritus de los ancestros. Continuó diciéndome

"Siempre hablamos de seres que visitan la tierra," y continué, "en objetos circulares o esféricos desde los cielos pero también los más viejos indios del lugar me aconsejaron que cantara las canciones tradicionales indias para protegerme de algunos de ellos... porque algunos abducen indios y sus niños también."

Por otra parte también comentó sobre los petroglifos

que hay en el lugar donde un indio famoso bailó la danza del sol, ese indio fue el famoso TORO SENTADO justo antes de la batalla de Little Big Horn, y en sus propias palabras "seres de las estrellas descendieron para ayudar a nuestras mujeres indias y niños en la mañana de Junio el día 25 en 1876 y todos los que murieron en el combate mano a mano en esta fatídica fecha"

También nos contó como recientemente en una caseta de meditación hubo un avistamiento con una nave gigante y luces súper grandes.

Una luz inicial gigante se dividió en luces más pequeñas y cundió el pánico en toda la aldea india, niños, mujeres y hombres se peleaban para resguardarse en las cabinas y tiendas, gritaban y lloraban al ver estos fenómenos" incluso este nativo americano nos enseño recortes y fotos del Glasgow Courier relacionados con este incidente.

En Bozeman y Livingston área, hay nuevos bolsillos de avistamientos ovnis casi cada mes, una famosa autora americana Joan Bird se pasó por esta zona y ha escrito un libro muy interesante llamado "**Montana UFOs and Extra-terrestrials**," y este año termino su obra junto a Ardy Sixkiller Clarke, llamado "**Encounters With Star People: Untold Stories of American Indians**".

Hace poco hablé con Clarke, que fue una profesora y adjunta de la universidad del estado de Montana, con sangre Cherokee y Choctaw. También es la autora de **Sisters in the Blood**, una obra sobre las mujeres indias de las altiplanicies del norte y las vicisitudes diarias de sus tribus.

Clarke nos dijo que sus encuentros con seres extraterrestres comenzaron cuando era niña, y un hombre y una mujer que "no eran de este mundo" eran sus ancestros. Este encuentro con extraterrestres se produjo de noche y además incluye el hecho de subirse a una nave espacial extraterrestre y también llego a ver tecnología *"que no era de este mundo"* Estos episodios se repitieron a lo largo de su vida y este hombre y mujer extraterrestres siempre tenían la misma presencia, no parecían envejecer.

El libro de Bird y Clarke describen un montón de estos encuentros con seres benevolentes y otros no tan benevolentes que incluso abducen a niños. Una de las leyendas contadas por los indios de Idaho, es justo fuera del parque de Yellowstone, y describen una enorme nave espacial aterrizando en el valle y tirando unos restos de visón que después los mismos indios encontraron tirado, al pobre visón mutilado y con incisiones quirúrgicas y sin sangre.

Una muy interesante historia de un policía indio del área, fue aquella en la cual su mujer, y un profesor de escuela cuando estos conducían por el este de Montana, y tuvieron que parar el coche al percatarse de varias reses de ganado completamente mutiladas al lado de la carretera y de una manera macabra cuyas reses no albergaban ni una gota de sangre. De repente al oeste divisaron una nave cilíndrica parecida a un depósito de esos de gasoil o propano, tan grande como un campo de futbol. *"Casi en menos de un minuto vimos una luz emanar del objeto y lo extraño es que estaban dentro del vehículo pero al lado opuesto de la calzada y los restos de las reses habían desaparecido. Miraron su reloj y vieron que varias horas habían pasado y no se explicaban las horas perdidas*". Muchos indios cuando se les interrogan o preguntan sobre OVNIS, tienen un pacto de silencio de no hablar con los blancos u occidentales de estos eventos porque su cultura se los prohíbe porque los blancos no entienden de estas cosas. Los encuentros con estas gentes de las estrellas entre indios o nativos americanos parecen genuinos ya que no beben alcohol ni toman drogas como en el mundo occidental. Tres indios que trabajaron incluso para la AIR FORCE americano reportaron el mismo incidente con un OVNI décadas después, preguntándoles por separado.

Y el último y más extraordinario caso es el de Brown Mountain, en North Carolina. Donde no solo miembros de tribus sino también otros han desaparecido después de las misteriosas luces o lo que denominan las *Brown Mountain Lights.*

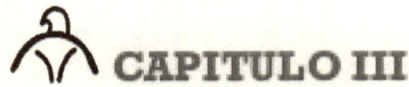 ## CAPITULO III

LOS DOCUMENTOS TERRA

La bonita historia de los Bek'Ti y de los ancestros de Robert Morning Sky

Lo que sabemos, especialmente de Robert Morning Sky, tanto de sus documentos terra o en ingles tan llamados '*Terra Papers*' y de, 'El relato del Edén, la Atlántida, y del tan conocido tema ovni', es que, siempre y según Robert, los sirios fueron inseminados y evolucionaron mucho más tarde que los arios. Es una raza estelar significativamente más joven, pero mucho más antigua que la humanidad. En su biología son una especie básica de lobo/reptil, pero también incluyen rasgos felinos. Tanto las hembras como los varones tienen doradas, oscuras, o rojas melenas, algo que tocamos de pasada en documentos anteriores. Sus antepasados, de quienes esta raza estelar fue manipulada genéticamente, eran criaturas lobo y felino, que parecen haber sido una mezcla entre un perro (lobo), un gato y un reptil. Aquí es donde obtenemos el nombre 'Estrella del Perro' o Dogstar o Can de Sirio (la palabra "perro" derivada de la palabra ario DAKH [pronunciada igual que la palabra alemana doch o en inglés dog], según la investigación de Morning Sky, nuestros antepasados eran muy conscientes de los orígenes de estos visitantes estelares y de dónde venían. Así es como Robert Morning Sky los describe en detalle, sobre la base de la información que recibió del Star Elder, pero supuestamente también de tradiciones orales Hopi mucho más antiguos: "Los primitivos hombres-lobo humanoides tenían pechos amplios y con poco o nada de cintura. Grandes y poderosas nalgas con muslos fuertes y pantorrillas gruesas. Las primitivas hembras-lobo tienen grandes pechos y curvas femeninas muy leves en sus cuerpos. Tenían grandes caderas y piernas musculosas. Y a pesar de que habían perdido la mayor parte de su grueso y áspero vello corporal, todavía conservan un oscuro cabello fino por todo el torso. Sus brazos eran grandes y musculosos, sus muñecas eran gruesas, y sus manos amplias y redondeadas. A diferencia de los largos dedos de los seres reptilianos de Orión, los Seres Lobo tenían dedos más cortos y más gordos. Los cuellos también eran gruesos y bastante cortos". "Las grandes anchas cabezas de sus primitivos ancestros primates se habían vuelto

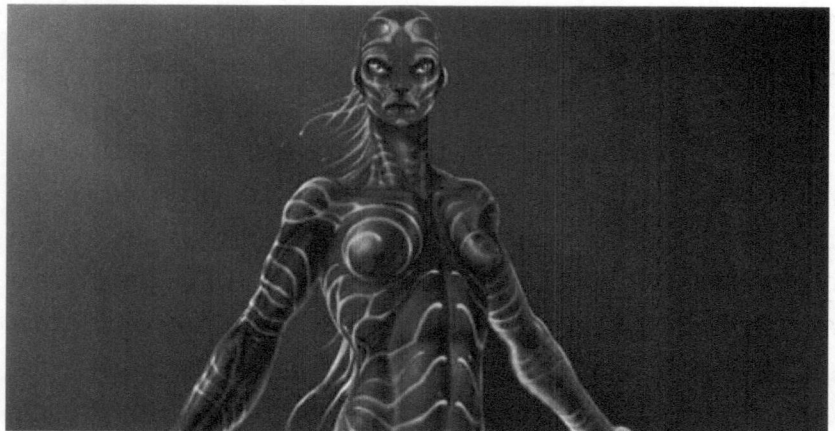

Unas poco más redondeadas, pero sus cuadradas mandíbulas inferiores aun les daba un aspecto muy imponente. Tenían narices anchas con penetrantes ojos de cazador, un gran frente y orejas pequeñas. Y tal vez

la característica más dominante de todas... el pelo. Un montón de pelo. Las cabelleras de sus antepasados les habían generado barbas gruesas en los rostros de los hombres y patillas largas con barbilla en las hembras. Así como las mujeres Lobo se trenzan el pelo, también los hombres Lobo trenzan sus barbas. Su pelo y barba varían en color, desde un marrón dorado a tonos oscuros de marrón rojizo, hasta un color negro azabache profundo. Una raza incluso tenía melenas espesas y largas de pelo rojo profundo. Cuando se ponen juntas todas estas características sirven para dar al pueblo Lobo la semejanza distintiva con los "leones humanoides."

En los años sesenta, me matriculé en una universidad en un programa de estudios religiosos. Hacia el final de mis estudios, presenté un documento que resume brevemente la historia del Hombre y la Tierra según lo contado por Bek'Ti. Titulé el artículo, "TERRA, Una Historia Oculta Del Planeta Tierra". Estaba seguro de que había presentado un trabajo bien investigado y bien documentado.

Fue de inmediato llamado como una obra escandalosa, además de blasfema, una distorsión de los registros históricos y no de la talla de un estudiante serio de religión. LOS DOCUMENTOS TERRA, la historia de Bek'Ti, casi logra que me expulsaran del colegio. Con frustración, me acerqué a una organización ovni y a algunos investigadores de ovnis que yo estaba seguro de que serían los más interesados en mi historia. Para mi sorpresa, me rechazaron. Y por si fuera poco me advirtió un investigador ovni que los OVNIS eran claramente un fenómeno tecnológico y no obras de seres míticos de pueblos primitivos. (Curiosamente, ahora es un autor OVNI muy respetado y ha publicado recientemente un libro sobre la conexión ET y los nativos americanos).

Durante treinta años, he evitado contar mi historia. La respuesta inicial a mi esfuerzo fue desalentadora. Pero hace poco me he convencido a mi mismo a volver a intentarlo.

La historia del Hombre y la Tierra presentada por Bek'Ti es a la vez emocionante y aterradora. La creación del hombre y su lugar en la galaxia se hace clara, pero en el proceso, su nobleza y su orgullo, han sido masacrados. El fenómeno de los secuestros y los seres grises que los ayudan, se revelan como parte integral de la historia del hombre, pero se explican en contra del marco de los propósitos de los Seres Estelares para la Humanidad.

Las fuentes de las religiones del hombre y el origen de las figuras legendarias como Zeus, el Minotauro, Osiris e Isis, y una serie de otros seres mitológicos se soslayan y se ponen en perspectiva desde el marco de la historia del planeta Tierra.

Y, también así, pueden predecirse próximos eventos.
No a causa de ninguna habilidad psíquica o canalización, sino a partir de patrones de un esfuerzo en curso para dirigir el planeta Tierra.

El hombre pronto será rodeado de imágenes de asteroides y fieros cometas incandescentes cayendo. Cerdos negros se verán por todas partes al igual que figuras de Ángeles. Los dinosaurios se convertirán en héroes de los niños y la violencia será la base de su juego. Nuevas enfermedades serán contagiadas por el aire y saldrán en las noticias, y humanos que serán inmunes a los tratamientos existentes. La NASA se hará débil e impotente, si es que no está advocada a la desaparición.

 ## CAPITULO IV

GÉNESIS

Una guerra galáctica de conquista está
rugiendo sobre nuestras cabezas...
La tierra... y el hombre... son el premio.
Esta es mi historia...

Esta es la historia de mi abuelo... y... esta es la historia de Bek'Ti.

La explosión sacudió la Nada del Vacío.
La "esencia" Primordial fue lanzada violentamente hacia el exterior. Como un océano primitivo, ola tras ola se estrelló en el hoyo negro del Vacío. La Nada contempló el caos, el Caos se Derramó en la Nada. Al fluir las aguas primordiales hacia el exterior, se arremolinaron entre sí los ríos de "esencia" oscura, formando enormes remolinos. Al girar los remolinos hacia el interior, la "esencia" se condensó en nubes de gas. Sobrecalentados por las fuerzas de compresión en el centro del remolino, las chispas encendieron las volátiles nubes. Explosión tras explosión formó enormes bolas de fuego, supernovas de color rojo brillante y estrellas enanas de llamas azules.
Como islas en las aguas de la "esencia", las estrellas se formaron a partir de los remolinos en las galaxias que giraban. Una y otra vez, el proceso fue repetido en el

vacío... tiempo tras tiempo, en cada ocasión nació una galaxia.

Con el tiempo, una de estas galaxias llegó a ser conocida como 'ERIDANUS'. Esta es una historia de una pequeña parte de ERIDANUS... y un pequeño mundo mostrado a nosotros como la **Tierra de Eridanus.**

En las arremolinadas 'aguas' primordiales de **ERIDANUS**, muchas de las estrellas dieron a luz a mundos por cuenta propia.

De los gases y el polvo expulsado de los soles, los planetas se condensaron y se enfriaron. Los gases elementales se combinaron para formar humedad, la lluvia cayó para formar océanos. Las tormentas bramaban, los océanos daban vueltas, chocando en las orillas de las tierras de la superficie. En medio de los relámpagos y la furia, una sola chispa brilló, creando en un micro-segundo una sola célula de vida.

Formas de vida unicelulares se combinaron para crear criaturas multicelulares, las criaturas multicelulares se convirtieron en seres complejos con miles de millones de conchas... peces, insectos, aves, reptiles, plantas y mamíferos. Tantas diversas criaturas como estrellas en la galaxia vinieron a la existencia.

Y con el tiempo evolucionaron los 'humanoides'. Peces humanoides, aves humanoides, reptiles humanoides, mamíferos humanoides y humanoides de todo tipo, se convirtieron en el resultado coherente de la evolución.

Al desarrollarse el HOMO ERIDANUS primordial, sus cuevas dieron paso a las chozas, grupos de chozas se convirtieron en asentamientos, los asentamientos se convirtieron en ciudades. La captura y la caza de animales dio paso al comercio de pieles, el comercio de pieles dio paso a los mercados. Las agrupaciones abrieron el camino a la jardinería, la horticultura condujo a la agricultura.

Las necesidades del HOMO ERIDANUS se convirtieron en deseos... los deseos se convirtieron en codicia. Los hombres compasivos se convirtieron en líderes, los líderes se convirtieron en conquistadores, y un mundo 'primitivo' se convirtió en 'civilizado'. Las diferencias de opinión se convirtieron en argumentos, los argumentos se convirtieron en guerras. La curiosidad y la necesidad dieron a luz a la tecnología.

El temprano HOMO ERIDANUS había conquistado su mundo.

Y entonces el hombre HOMO ERIDANUS miró hacia arriba, hacia los cielos. Y vio a su luna. Él creó naves para que lo llevaran hacia el cielo, y comenzó su conquista de la luna. Mientras estaba de pie en la luna, mientras inspeccionaba las ciudades lunares levantó la vista y vio las estrellas por encima de él. En busca de más, se trasladó hacia el cielo otra vez. Esta vez los mundos vecinos fueron descubiertos. HOMO ERIDANUS conquistó el entorno del nuevo mundo, y el ciclo empezó nuevamente.

Y así fue que el HOMO ERIDANUS se reunió con sus parientes en la galaxia.

El PÁJARO ERIDANUS conoció al MAMÍFERO HOMO ERIDANUS, el HOMBRE REPTIL ERIDANUS se encontró con el HOMBRE INSECTO ERIDANUS, y un HOMBRE REPTIL ERIDANUS los saludó a todos. Los muchos seres evolucionados de los mundos de Eridanus se reunieron y hablaron. Intercambiaron, bailaron, compartieron y se unieron. Con el tiempo, aprendieron unos de otros y vivían juntos.

Y... se fueron a la guerra.

El hombre primitivo Eridanus se había convertido en un HOMO ERIDANUS civilizado, la guerra primitiva dio paso a la Ciencia de la Guerra, la Muerte en todo su horror se convirtió en una herramienta de Progreso. Los reinos galácticos en Eridanus surgieron y cayeron, las civilizaciones prosperaron y murieron. Una serie continua de guerras envolvió a la galaxia entera. Ni un solo Imperio prevaleció por mucho tiempo. Ninguno, salvó a ninguno...

🛸 CAPITULO V

EL IMPERIO "SSS"

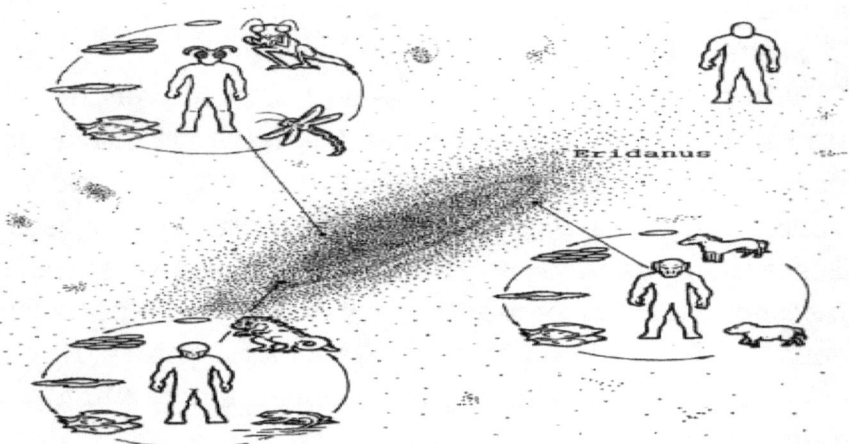

En la galaxia de ERIDANUS, el camino de las cosas se convirtió en guerra, violencia y turbulencia.

Surgiendo por encima de otras razas como los Supremos Maestros de la Guerra, los seres 'SSS', (así llamados por el silbido que hacían al hablar), libraron guerras y caos para tomar y retener una parte considerable del Noveno Sector de la galaxia. Aunque originalmente fue gobernada por reyes de fama, fue bajo las Reinas 'SSS' que el Imperio habría de llegar a su máximo apogeo. Conocido como el "SSS-T", las Reinas y sus técnicas de gobierno se convirtieron en la encarnación misma del poder real.

El mismo nombre de un trono llamado "AST", sería un escalofriante homenaje a la letalidad de las Reinas reptiles. En una galaxia de caos y guerra, los seres SSS no tenían iguales ni competencia. Implacables en el mando, y eficiente en su crueldad, las reinas SSS-T eran brillantes políticas y estrategas, usando los acontecimientos para su ventaja y manipulando guerras en su propio beneficio y ganancia.

La Realeza, revestida con el poder para conquistar y reinar sobre sus enemigos era una poderosa fuerza militar, sin precedentes y sin parangón. Compuesta por altos e imponentes figuras, los Guerreros SSS eran guerreros de sangre fría con temibles rostros que los asemejaba a dragones. A pesar que la evolución hacía tiempo les había retirado sus pieles escamosas, las placas de sus armaduras corporales de sus cuerpos daban la impresión de feroces seres dinosaurios.

Sólo una larga cresta de hueso surgiendo de la frente y detrás de la espalda y sobre la cabeza quedaba aludiendo su ascendencia reptil. Conocido como los "M-K" o "M-G", la sola aparición de los Guerreros SSS era suficiente para infundir miedo en el corazón de cualquier oponente, ellos eran la élite "M-K".

Innumerables guerras durante miles de millones de años les habían enseñado a las Reinas SSS una lección vital, un enemigo o un sujeto rebelde no sirve para nada si se ejecuta. Pero si el cerebro es reprogramado, era eliminada la resistencia y un cuerpo capaz era agregado a la fuerza laboral. El control mental era la ciencia de elección de los SSS-T.

Referidos por otras razas como los 'ARI' o 'Maestros', con el tiempo llegarían a ser conocidos como los 'ARI' de 'OH' (el cielo), o los 'ARI-OS". Hoy en día se conoce como ORION.

Pero a pesar de que se había convertido en la personificación de la fuerza y el poder, un símbolo de la gobernación brutal e implacable agresión, el destino les jugaría un curioso truco a los ARI-OS.

En su búsqueda del poder galáctico, los Guerreros de las reinas SSS-T habían saqueado los tesoros palaciegos de los mundos victimizados por ellos. La riqueza cultural de los mundos conquistados fue puesta en exhibición en los museos ARI-OS, haciendo del imperio el centro de la cultura y la sabiduría del Sector Nueve.

ARI-AN se convirtió en el escaparate de la Poesía, la Música, Arte y Danza.

Sin embargo, sin saberlo, fue un paso para la evolución de la templanza en la psique SSS-T.

Eridanus

SSS-T

Ari-An

M-K

M-K/M-G

The following are Ancient Egyptian words of M-K/M-G origin:
    M'K - Name of a crocodile   MAG or M'G - Crocodile
    Mek - Protector, protection   Mikh - Fight, to fight
    M'Q - To slay, hack into pieces
In Ancient Egypt, the suffix -U indicates 'One of'.
         [Thus, M-K-U = 'Of M-K' and M-G-U = 'Of M-G']
    M'Ka - Brave, bold   M'Khai - To strike, fight
    M'Khaiu - Fighters, foes   M'Khau - An animal
    M'Ki - To protect, protector   M'Kiu- Protectors
    Meki - Protector   Mega - Crocodile
    M'GA - Crocodile   M'Ga - Commandant, Chief
    M'GA - To command, instruct   Mgi - Bravery
    Mekhi - To beat, strike, fight
The following are various words of M-K/M-G origin:
    Magha - Mighty, Great One (Hindu)
    Mak - Great, superior (Sumeria)
    Mactus - Glorified (Latin)
    Mactabalis - Deadly (Latin)
    Macto - Slay, smite, punish, afflict (Latin)
    Magister - Master, Chief (Latin)
    Magnus - Great, large, mighty, powerful (Latin)
    Magus - Magician (Latin)
The following are English words of M-K/M-G origin:
    Make - To force   Amok - Chaos, turmoil
    Major - Huge, greater   Mega - Huge, enormous
    Majesty, Majestic - Royal, regal
    Magic - Illusion (Re-programing the brain)
    Image - Illusion (Re-programing the brain)
    Imagine - Creating illusion (Re-programing the brain)
*   MJ-12 (Majestic 12) - UFO investigations group
              (Re-programing the brain)

                    ARI-AN and the SSS
The following are various words of ARI-AN and SSS origin:
    Aryan - The super-race of Adolph Hitler (ARI-AN)
    SS - The elite military of Adolph Hitler (SSS)
    Ari - Master, Keeper (Egyptian)
    Ariz - Terrible One (Hebrew)
    Ares - God of War (Latin)

Las siguientes palabras son antiguas palabras egipcias de origen M-K/M-G:

M'K – Nombre de un cocodrilo.

MAG o M'G – Cocodrilo.

Mek – Protector, protección.

Mikh – lucha, luchar.

M'Q – Masacrar, picar en pedazos en Egipto Antiguo, el sufijo – U indica 'Uno de'.

(Así, M-K-U = 'De M-K' y M-G-U = 'De M-G').

M'Ka – Valiente, audaz.

M'Khai – Golpear, luchar.

M'Khaiu – Luchadores, enemigos.

M'Khau – Un animal.

M'Ki – Proteger, protector.

M'Kiu – Protectores.

Meki – Protector.

Mega, M´GA – Cocodrilo.

M'Ga – Comandante, Jefe.

M'GA – Comandar, instruir.

Mgi – Valentía.

Mekhi – Vencer, golpear, luchar.

Las siguientes son diversas palabras de origen M-K/M-G:

Magha – Poderoso, Grande (Hindú).

Mak – Grande, superior (Sumeria).

Mactus – Glorificado (latín).

Mactabalis – Mortal (latín).

Macto – Masacrar, golpear, castigar, infligir (latín).

Magister – Maestro, Jefe (latín).

Magnus – Grande, grandioso, poderoso, potente (latín).

Magus – Mago (latín).

Las siguientes son palabras en inglés de origen

M-K/M-G:

Make – Forzar; Amok – Caos, desorden.

Majoir – enorme, mayor. Mega – Enorme, inmenso.

Majesty, Majestic – Real, regio.

Magic – ilusión (re-programando la mente).

Image – Ilusión (re-programar la mente).

Imagine – Creando ilusión (re-programando la mente).

*MJ-12 (Majestic 12) – grupo de investigaciones OVNI (re-programando la mente).

ARI-AN y las SSS Las siguientes son diversas palabras de origen AR-IO y SSS:

Ario – La súper-raza de Adolfo Hitler (ARI-OS).

SS – La élite militar de Adolfo Hitler (SSS).

Ari – Maestro, Guardián (egipcio).

Ariz – El Terrible (hebreo).

ARES – Dios de la Guerra (latín).

⊖ CAPITULO VI

EL IMPERIO "ASA-RRR"

Aunque el reinado de las Reinas SSS-T en el Sector Nueve fue rara vez desafiado, de gran preocupación para las Reinas ARI-AS fueron los movimientos y la expansión de una nueva raza llamada "RRR".

Evolucionaron a partir de fieros depredadores mamíferos, los "RRR" estaban todavía en las primeras etapas de desarrollo, pero su sed de expansionismo despreocupado por las continuas guerras y su extensión en el tiempo era más que preocupantes.

Para la raza RRR, la guerra era la totalidad de la existencia, todo lo demás carecía de sentido. La vida misma significaba obediencia y entrega total a los Reyes RRR, cualquier otra cosa menos que eso significaba la muerte. Así que rápidamente se crearon su propio imperio, tan despiadadas fueron sus técnicas que los RRR serían conocido como 'ASA' o Señores.

En el sector Nueve, los mundos de los RRR serían conocidos como "ASA-RRR.

Liderados por los temibles Guerreros 'IKU', un ejército de bárbaros con una flota de mortales naves de abrumadora potencia de combate, los reyes ASA-RRR causaron estragos en el mundo alrededor del Noveno Sector. Las elites de las Fuerzas 'IKU' descendieron sobre sus confiados objetivos con implacable y despiadada fuerza, despejando los caminos celestes de cualquier posible resistencia diezmando totalmente las bases de resistencia en tierra firme. En unos pocos momentos, las fuerzas guerreras de infantería, los 'BEH' se movilizaban para aniquilar todas las fuerzas militares de sus enemigos, los IKU y BEH llegaron a ser conocidos como el 'D-K' o 'T-K ', los 'Dientes' de la RRR.

BEH   IKU

The DAK or TAK

The following are Ancient Egyptian words of D/T-K origin:

Taka - To destroy   Ta Aka - To destroy
Ta Aq - To destroy   Tegteg - To attack, destroy
Tekhes - To slay, to kill   Teq - To cut, to slay
Tekas - To pierce, cut into   Teqes - To cut, to stab
Teges - Slaughterhouse   Tekhi-t - Slaughter
Teknu - Human victim   Tekennu - Human victim
Tekh - To beat, overthrow   Tekhar - Terrible, fightening
Teqen - To rule, govern   Teqer - To be strong, mighty
Tekh - Regulation of justice   Tekhan - To protect
Tekmu - Drawers of swords   Tekku - Marauder, invader
Tek - To invade   Tekk - To attack, to invade
Tektek - To invade, attack   Tegga - To run (Use the Foot)
Teg, Tegteg, Tegtegi - To walk, march, invade (Use the Foot)
Teka, Tegait - To see (Use the Eye)
Teg, Tega, Tega-t, Tegg - To look, to see (Use the Eye)
Tegaa - The 'Seer' (User of the Eye)

The following are Ancient Sanskrit words of D/T-K origin:

Antaka - God of Death   Kantaka - Thorn, tooth

The following are Spanish words of D/T-K origin:

Decaer - Decay   Degollar - Cut the throat
Decano - Deacon   Dictador - Dictator
Decapitar - Decapitate   Ducado - Duke
Degolladero - Slaughterhouse

The following are Latin words of D/T-K origin:

Decollo - To behead   Decoquo - To destroy by heat
Decumo - To decimate troops   Decursus - Attack, charge
Decurtatus - Mutilated   Decus - Honor, glory
Deduco - To take away   Degero - To carry off
Dicio - Power, authority   Dico - Devote to the Gods
Ducto - To lead, cheat   Ductor - Leader, Commander
Dux - Leader, Commander   Tego - To protect
Tagax - To steal   Techna - A trick

The following are English words of D/T-K origin:

Dagger   Dictator   Dog
Deacon   Dictum   Dogma
Decapitate   Dock (To cut)   Dark
Decay   Doctrine   Duke
Attack   Take   Tectonic
Tactics   Technician   Tick
*Tax

Conocidos por su práctica de devorar la carne de sus adversarios, eran agresivos y voraces, implacables en su expansión, los Reyes Conquistadores RRR iniciaron la lenta y metódica toma de posesión del 'PESH-METEN (Noveno Pasaje), un carril estelar crucial.

Si tomaban ese Pasaje les daría a los reyes ASA-RRR el control de la entrada y salida del imperio ARI, y esa era una posibilidad que una de las reinas SSS-T no podía permitir.

Las siguientes son palabras en egipcio antiguo de origen D/T-K:

Taka, Ta Aq – Destruir.

Tekhes – Masacrar, matar.

Tekas – Perforar, cortar dentro de.

Teges – Matadero, Desbazadero.

Teknu – Víctima humana.

Tekh – Golpear, derrocar.

Tegen – gobernar, reinar.

Tekh – Regulación de justicia.

Tekmu – Quien desenvaina la espada.

Tek – invadir.

Tektek – invadir, atacar.

Teg, Tegteg, Tegtegi – caminar, marchar, invadir, (usar los pies).

Teka, Tegait – Ver (usar los ojos).

Tegaa – El 'que ve' (el que usa los ojos).

Ta Aka – Destruir.

Tegteg – Atacar, destruir.

Teq – Cortar, acuchillar.

Teges – Cortar, apuñalar.

Tekhi-t – Destasar.

Tekennu – Víctima humana.

Tekhar – Terrible, temible.

Teger – Ser fuerte, poderoso.

Tekhar – Proteger.

Tekku – Intruso, invasor.

Tekk – Atacar, invadir.

Tegga – Correr, (usar los pies).

Las siguientes son antiguas palabras sánscritas de origen D/T-K:

Antaka – Dios de la Muerte.

Kantaka – Espina, Diente.

Las siguientes son palabras en español de origen D/T-K:

Decano – Decano.

Dictador – Dictador.

Decapitar – Cortar la cabeza.

Ducado – Duque.

Degolladero – Matadero.

Las Siguientes son palabras latinas de origen K/T-K:

Decollo – Decapitar.

Decoquo – Destruir por calor.

Decumo – Decimar tropas.

Decursus – Ataque, carga.

Dacurtatus – Mutilado.

Decus – Honor, gloria.

Deduco – quitar, arrebatar.

Degero – sobrellevar.

Dicio – Poder, autoridad.

Dico – Devoto a los Dioses.

Ducto – Liderar, engañar.

Ductor – Líder, Comandante.

Dux – Líder, Comandante.

Tego – proteger.

Tagax – robar.

Techna – Un truco.

Las siguientes son palabras en inglés de origen D/T-K:

Dagger Dictator Dog.

Deacon Dictum Dogma.

Decapitate Dock (cortar) Dark.

Decay Doctrine Duke.

Attack Take Tectonic.

Tactics Technician Tick.

*Tax (impuesto, tasa).

Pero los Reyes ASA-RRR eran en sí mismos un poder formidable. La cultura de la guerra había sido la fuerza impulsora de su evolución. Cada rey había exigido muchísimo de sus fuerzas militares. Los pilotos de las naves estelares de los IKU poseían rayos de luz que podían derretir objetivos, cortarlos en pedazos o desintegrarlos. Las fuerzas élite de infantería, utilizaban armas que podían emitir sonidos que paralizaba de sorpresa al enemigo, desintegraba objetos sólidos, o podrían ser utilizados para transportar un objeto desde un lugar a otro.

Con todo, las fuerzas DAK, en poco tiempo se habían convertido en un ejército de una devastadora potencia. La Ciencia ASA-RRR de la Guerra era una Tecnología de Muerte llamada FAT. Y a partir de esta nueva ciencia fue engendrada la última nave de guerra. Un globo del tamaño de un planeta con los armamentos de todas las otras naves... y más, la Nave de Guerra fue denominada 'RR' o 'AR'.

Un mundo en miniatura capaz de una destrucción nunca antes vista en el Noveno Sector, las fuerzas AR de DAK hicieron del imperio una fuerza a tener en cuenta. Los rayos del sol brillando desde la superficie de la nave de la Muerte hicieron parecer que el AR destellara como una estrella brillante en el cielo. A pesar de que una estrella brillante a menudo era un presagio de cosas maravillosas, esta estrella traía la muerte y la destrucción.

Al continuar los Reyes ASA-RRR ampliando sus propiedades, las reinas SSS-T hicieron un cuidadoso gesto de paz hacia los Reyes conquistadores, con la esperanza de resolver el dilema antes de que fuera necesaria la guerra.

Los miles de millones de años de conflicto habían enseñado a los SSS-T una lección muy valiosa, la guerra trae la muerte, tanto a un ganador como a un perdedor. Había otras maneras de ganar el conflicto. La victoria era, en algunos casos, adquirida tomando al enemigo en uno de los propios pliegues. La DAK podía ser ganada de una manera más inteligente y taimada.

Las reinas de ARI-AN convocaron una reunión de la Realeza. Si los reyes de ASA-RRR prometían su lealtad a la Alta Corona SSS-T y se rendían al servicio de la Corona les sería otorgado el control de las estrellas exteriores del Noveno Sector. Conscientes de la magnitud del poder entendido en el ofrecimiento de las reinas, los Reyes ASA-RRR rápidamente acordaron la Alianza.

Las fuerzas DAK y el poderoso planeta la muerte AR fueron puestos al servicio de las Reinas SSS-T, el noveno sector exterior pasó a formar parte del Imperio ASA-RRR. Catapultados a un lugar como superpotencia mediante la alianza, las estrellas de la ASA-RRR fueron conocidas como el Imperio 'SSS-T.RRR.SSS-T', nacido de la SSS-T, muriendo por la SSS-T, o "SS-RR-SS" (Sirio).

Con la alianza AR-IA apoyándolos, los Reyes-ASA-RRR hicieron un mayor esfuerzo para conquistar y aprovechar los nuevos sistemas, nuevos mundos para añadir a su imperio.

Consolidando su poder, poniendo caros peajes de cobro y embargos sobre los viajeros en los carriles del Noveno Paso, en el imperio SS-RR-SS pronto se volvieron muy poderosos, las Reinas ARI-AS los observaban con ojos cautelosos, el momento de la traición debía ser cuidadosamente planificado.

Y así durante un tiempo, llegó a existir una frágil paz entre los dos tronos. Todo iba bien, hasta la era del monarca conocido como el Gran AN-AN, el antiguo rey de ASA-RRR.

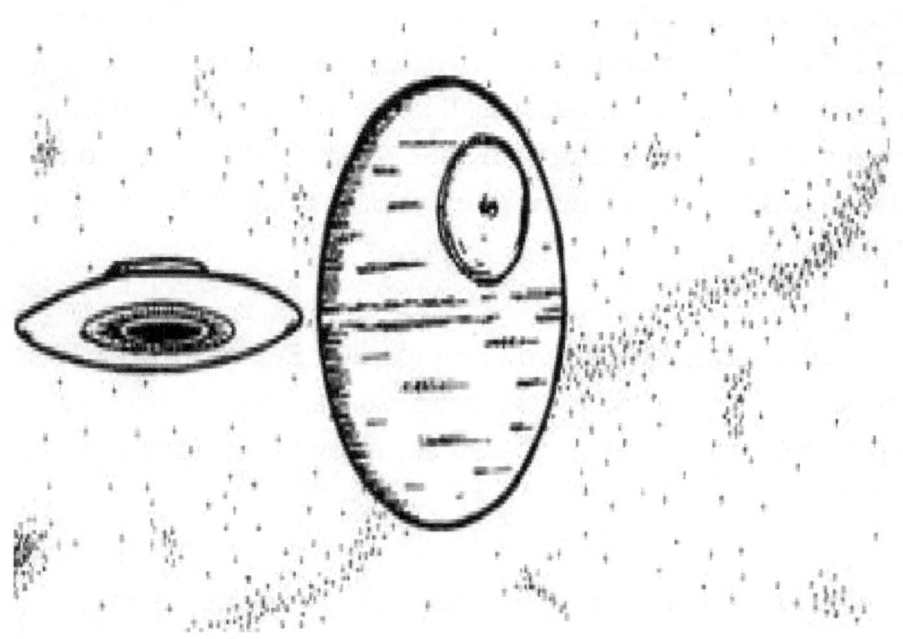

'ER', 'R' - The 'R' sound is represented by a Disk
Ar - Pupil of the Eye, to see (To use the Eye)
Ar - Death, destruction   Ar - To remove, transport
Ar, Er, Err, Ur, Urr - Superior   Aar - A kind of bird
Ar, Aar - To go up, to ascend   Arar - High, exalted
Ara - To go up, embark in a boat Aaraar - Hero
Arar - To go up, to ascend   Har - To oppress
Her, Huaur - An ancient Sky God   Her, Har - Mountain
Her - To terrify, to frighten   Her - Metal pot
Her - To arrange, set in order   Herher - To demolish
Her Ara - 'Mountain of God'   Herr - A mythological boa
Rer - The 'Black Pig'   Rera - Pig, hippopotamus
Rehren, Ruru - To burn   Uahr - Dog (DAK)
Rera - Bracelet (The asteroid belt formed by the Crash
     of the AR and TIAMAT)   Hurh - Protect, watch ove
Uaa Herr - A mythological boat   Ur - Great God
The following are Sumerian words of AR origin:
Ri - To rise up, fly   Ru - Stone that flies
The following are Latin words of AR origin:
Ara - Altar; protection   Argus - Guardian
Aro - To plough through the sea   Arma - War, soldiers
Aerius - Of the sky, lofty   Auriga - Charioteer
Arx - Fortress, citadel, height, headquarters
Ereado - To destroy   Erepio - To tear out
Ereptio - To seize, take by force Eruptio - Attack
Eruo - To raze, demolish   Error - Deception
Erus - Master, owner, lord   Ira - Wrath, anger, rage
Iris - Messenger of the Gods   Orbis - Globe, disk
Orbus - One who deprives of parents or children
Oro - To persuade, persuader   Orcus - God of Death
The following are English words of AR origin:
Aero - Pertaining to the sky   Arrest - Seize, stop
Aurora - 'Stealth' program   War
Horror   Warrior
The following are Ancient Egyptian words of AT origin:
AAT - To cut, slash, stab   At - Death, destruction
The following are Ancient Egyptian words of AI origin:
Ai - Eye; 'Evil' Eye

CAPITULO VII
LOS AR

Las siguientes son las palabras egipcias antiguas de origen AR (foto original a la izquierda):

'ER', 'R' – El sonido 'R' es representado por un Disco.

Ar – Pupila del Ojo, ver (utilización del Ojo). Muerte, Destrucción. Quitar, transportar.

Ar, Er, Err, Ur, Urr – Superior.

Aar – Un tipo de pájaro.

Ar, Aar – ir hacia arriba, ascender.

Arar – Alto, exaltado.

Ara – Ir hacia arriba, embarcarse en una nave.

Aaraar – Héroe.

Arar – Ir hacia arriba, ascender.

Har – Oprimir.

Her, Huaur – Ubn Antiguo Dios del Cielo Her.

Har – Montaña.

Her – Aterrorizar, infundir miedo.

Her – Cazo de metal.

Her – Arreglar, poner en orden.

Herher – Demoler.

Her Ara – Montaña de Dios.

Herr – Una boa mitológica.

Rer – El 'Cerdo Negro'.

Rera – Cerdo, hipopótamo.

Rehren, Ruru – Quemar.

Uahr – Perro (DAK).

Rera – Brazalete (El cinturón de asteroides formado por el choque de AR y TIAMAT).

Hurh – Proteger, cuidar.

Uaa Herr – Un nave mitológica.

Ur – Gran Dios.

Las siguientes son palabras sumerias de origen AR:

Ri – Levantarse, volar.

Ru – Piedra que vuela.

Las siguientes son palabras latinas de origen AR:

Ara – Altar, protección.

Argus – Guardián

Aro – Arar a través del mal.

Arma – Guerra, soldados.

Aerius – Del cielo, elevado.

Auriga – el de la carroza.

Arx – Fortaleza, ciudadela, altura, cuarteles.

Ereado – Destruir Erepio – Romper.

Ereptio – Agarrar, tomar por la fuerza.

Eruptio – Atacar.

Eruo – demoler.

Error – Engaño.

Erus – Maestro, propietario, señor.

Ira – Cólera, enojo, furia.

Iris – Mensajero de los dioses.

Orbis – Globo, disco.

Orbus – Quien le quita los hijos a los padres.

Oro – persuadir, quien persuade.

Orcus – Dios de la Muerte.

Las siguientes son palabras inglesas de origen AR:

Aero – pertinente al cielo.

Arresto – Agarrar, detener.

Aurora – programa 'Secreto'.

Guerra – Horror, Guerrero.

Las siguientes son palabras del antiguo egipcio de origen AT:

AAT – cortar, rajar, apuñalar.

At – Muerte, destrucción.

Las siguientes son palabras del egipcio antiguo de origen AI:

Ai – Ojo; Ojo 'maligno'

En la era del Gran Rey Mayor AN-AN, la vida era buena en ASA-RRR.

Los lujos y beneficios que correspondían a una raza de conquistadores eran propios de aquellos, para disfrutarla y deleitarse en ella.

An–An

La alianza con el Imperio SSS-T había hecho a los reyes de ASA-RRR más potentes que nunca y había permitido a la gente de ASA-RRR una oportunidad de disfrutar de un estilo de vida más rico.

Pero el poder de la Corona también hizo más precaria la vida del rey. La traición, la mentira y el engaño, rodeaban al Rey. Planes de asesinato, golpes militares e invasiones alienígenas eran los temas diarios del Rey. Se esperaba que el príncipe tramase la desaparición de su padre, sus hermanos lejanos y los hijos ilegítimos que pretendían el Reinado del Trono.

El Rey AN-AN observaba los cielos de ataques enemigos, y espiaba por encima de sus hombros a los familiares y miembros de la corte real. Así era la vida de un rey de ASA-RRR, y así era la vida del rey anciano AN-AN.

Sentado en la Corte Real del Gran AN-AN, sirviendo como copero real, estaba su hermano, el Gran AL-SHAR. Asistiendo en el gobierno del Imperio, el Gran AL-SHAR servía fielmente a su hermano, el Gran Rey Mayor.

La paz reinaba, el Imperio prosperó, hasta que un estallido de la guerra en las estrellas centrales. Una serie de grandes conflictos, conocida como la "Gran Guerra Galáctica", atrajo tanto al imperio AR-OI como al imperio ASA-RRR entre sus pliegues. El Gran Rey Mayor fue convocado al Palacio de las SSS-T para prestar servicios como Comandante de la combinación de Guerreros MK y DK.

Gran AL-SHAR, actuando en nombre del Rey AN-AN se quedó en el Palacio de ASA-RRR. Viendo una oportunidad para traicionar a su hermano, el príncipe

AL-SHAR decidió tomar el control de las Fuerzas Centrales de ASA-RRR. El exitoso golpe de Estado obligó al Príncipe adoptar nuevas medidas. De inmediato envió una tropa de élite de asesinos a perseguir y a acabar con la vida del Rey Mayor.

Al-Al

Los documentos históricos hablan de la muerte en batalla del Gran AN-AN, el rey héroe que dio su vida al mando de sus ejércitos. Pero los que estaban en el Tribunal de ASA-RRR sabían cómo y por qué había muerto el rey, y quién era el responsable.

El príncipe AL-SHAR, copero real, era ahora el rey AL-AL.

El Señor Príncipe AN-SHAR, hijo del rey héroe AN-AN y heredero, fue capturado y enviado al exilio por el nuevo rey de ASA-RRR, despojado para siempre de su derecho al trono.

Para asegurar su seguridad personal, el gran rey AL-AL hizo del nieto del gran AN-AN su propio copero personal. El depuesto Príncipe AN-U era a la vez un rehén y siervo de su rey y tío. La venganza tendría que esperar.

Por ahora, serviría fielmente... pero el tiempo sería su maestro. Algún día el trono de la ASA-RRR sería suyo, ¡lo juró por su linaje!

En este tiempo, sin embargo, ocurriría otro acontecimiento importante, uno que cambiaría para siempre el destino del Noveno Sector. Una nueva estrella estaba empezando a madurar, sus mundos pequeños comenzaban a enfriarse formando planetas habitables.

Al-Al
-Im

El Rey AL-AL, reconociendo un potencial para explotar minerales preciosos, y la posibilidad de un puesto estratégico de avanzada militar, envió inmediatamente un fiel administrador de confianza a reclamar el nuevo sistema solar.

El Señor AL-AL-IM, Maestro en Ciencias de Génesis tenía una imponente tarea ante él, de colonizar y desarrollar un sistema planetario primitivo.

El joven Sol se había formado originalmente con solo dos mundos en órbita alrededor de él, un pequeño planeta interior, (ahora conocido como Mercurio) y un planeta más grande, su nombre fue eventualmente "Tiamat".

Con el tiempo, se formarían otros seis mundos. Un par de mundos interiores (Venus y Marte), dos gigantes centrales (Júpiter y Saturno), y un par de planetas gemelos, (Neptuno y Urano).

Pero era TIAMAT, el mundo tropical el que sería el primer planeta desarrollado por el Señor AL-AL-IM en su asignación.

Ya habitado por pobladores de numerosos sistemas estelares galácticos, TIAMAT era a la vez un paraíso y un peligroso mundo de frontera.

La presencia de una fuerza militar de contingencia ASA-RRR y un enlace directo al rey AL-AL y al Imperio AR-IO fue bien recibido por los colonos y sus familias. Suministros y protecciones necesarias estaban asegurados, TIAMAT se convertiría en un mundo de pleno derecho.

El Señor AL-AL-IM comenzó de inmediato a explotar el nuevo sistema solar. El Sol fue llamado 'Bad', 'donde está la muerte". En las inmediaciones del joven Sol, estaba el más pequeño de los mundos, bautizado como "MUM-MU ','viajero primogénito'. Este otro mundo se convertiría en un puesto militar. Aunque no poseía temperaturas muy calientes en la superficie, sus cavernas interiores dieron cómodo refugio para las fuerzas IKU y HEB. Este mundo se conocería como "DAK-A-MU ', 'lugar del DAK interior'.

El planeta de Arenas Rojas, próximo en línea, era un

mundo con aire, agua, árboles y un medio ambiente adecuado para ser habitado por colonos. Un buen sitio para los colonos, proporcionando también una superficie de tierra muy necesaria para una fortaleza militar central. Este era el mundo de "DAK-MU '," lugar de la DAK.

Más allá del mundo de las arenas rojas estaba TIAMAT, el centro de los esfuerzos de colonización del Señor AL-AL-IM.

El más grande del sistema de mundos era un planeta gigante que poseía fuerzas gravitacionales que lo hacían no ser adecuado para habitarlo, pero excelente para la producción de súper-metales bajo las condiciones de súper-gravedad, los metales podrían ser forjados en combinaciones imposibles en otros mundos. Era llamado 'BAR-BAR-U' El Mundo de Metal de Metales'.

El segundo mundo de Titán era el más peligroso. Las fuerzas internas son muy inestables. Poseyendo una constante nube constante de polvo y rocas circulando alrededor de su furioso centro giratorio, y con fuerzas gravitacionales que halaban muchas naves hacia un giro incorregible, el gigante sería conocido como "TAR-GALLU', el 'Gran Destructor'. De todos los planetas, el "Anillado" resultaría el más peligroso.

En el remoto pasado, en TAR-GALLU existía un gran planeta que era un frío pantano, con gases venenosos en sus cielos. "SHANAMMA' sería difícil de colonizar, pero sería ideal para experimentos de Génesis. El mundo exterior era llamado 'IR-U', un gemelo cercano a "SHANAMMA" en tamaño. IR-U era un mundo acuático con una cubierta de niebla.

Aunque la tarea era difícil, el Señor AL-AL-IM tendría éxito. Las extremadamente altas fuerzas de gravedad en BAR-BAR-U simplificaban la fabricación de metales 'pesados' que eran inestables en un ambiente con baja gravedad. Los puestos militares en DAK-A-MU y DAK MU-resultaron seguros y fuertes.

Granjas experimentales, tanto en SHANAMA como en IRU mostraron ser una promesa. Los asentamientos en las lunas de BAR-BAR-U y TAR-GALLU también prosperaron.

Pero Tiamat fue la coronación de los esfuerzos del Señor AL-AL-IM. Con el apoyo de su rey AL-AL de vuelta en casa, el administrador fue capaz de desarrollar TIAMAT en un paraíso más allá de las expectativas. Fueron construidas instalaciones para extraer los minerales recién descubiertos. Centros de Acondicionamiento Atmosférico pronto comenzaron la tediosa tarea de la transformación de los cielos a un ambiente más adecuado.

Como fuente de minerales preciosos y un punto de control estratégico del tráfico en los carriles estelares del Noveno Pasaje, el nuevo sistema reforzó aún más el estrangulamiento que ya tenía el rey AL-AL en el noveno sector exterior.

Como su proyecto final, el Señor AL-AL-IM construyó un duplicado casi perfecto del Palacio de los Reyes ASA-RRR, conocido como 'Kl', significando su nombre literalmente 'en semejanza de'. El nuevo sistema solar de BAD había sido conquistado. En reconocimiento a los esfuerzos de AL-AL-IM, el sistema fue llamado "ARI-DU", "el lugar de Maestría." Y su Señor era AL-AL-IM, el EN-GI, 'Señor del Mundo, en Semejanza de ASA-RRR.

Bajo la premisa de ejecutar el control de las rutas estelares del Noveno Sector, en nombre de las reinas SSS-T, AL-AL fue capaz de controlar a los viajeros que entraban en la galaxia a través del Pasaje. Al negar los viajes en las rutas estelares, el Rey AL-AL podría prevenir que se formaran posibles alianzas con los ARI-AN.

Las negociaciones con otras galaxias estaban sujetas a los caprichos del rey AL-AL, una situación intolerable para las Reinas SSS-T.

El imperio ASA-RRR podría retrasar o anular todas las alianzas políticas y económicas clave de los SSS-T. El Rey AL-AL, a su vez había convertido a ARI-DU en una fenomenal isla de puesto de avanzada. Y, aunque el gran AL-AL había reforzado aún más el Trono ASA-RRR, también había debilitado su posición dentro de la Corte Real SSS-T de los ARI-AN. Lo que el gran AL-AL no podía prever, lo que no podía sospechar, era que su propio futuro, su propia supervivencia, se ocultaba en los distantes mundos que AL-AL-IM había desarrollado para él.

Al acecho nuevamente en el Palacio Real estaba AN-U, quien fue una vez el príncipe y muy descontento nieto del Gran AN-AN, esperando pacientemente por un tiempo en el cual movilizarse en contra de su tío. Eligiendo un día de Alta Celebración de las victorias DAK en la batalla, cuando AL-AL no estaba en el palacio, el príncipe actuó. Los fieles seguidores del Gran AN-AN, todavía enojados por la traición de AL-AL, se unieron a AN-U. Una fuerza abrumadora y a la velocidad del rayo aseguró el éxito inmediato del Príncipe. Rey AL-AL, al enterarse de la guerra en el Palacio, optó por no luchar contra el príncipe. Huyendo por su vida, el Gran AL-AL descendió a su lejano palacio en el Sistema de ARI-DU. Aquí, un público fiel y seguidor recibió al depuesto rey con el entusiasmo de súbditos agradecidos. Se encontró refugio en el puesto isla que AL-AL había desarrollado. Aquí sería un rey, todavía adorado y todavía bienvenido.

De vuelta a ASA-RRR, el ex príncipe de AN-U celebró su venganza largamente esperada. El trono era suyo, era el rey AN-U.

Pero la victoria no era del todo completa. Las fuerzas Guerreras leales al Gran AL-AL se mantuvieron firmes en el nuevo sistema solar. Los esfuerzos de AL-AL-IM y los recursos dedicados por AL-AL para desarrollar y explotar el nuevo puesto habría de devolverle al final una buena recompensa.

La consistencia en la producción de metales pesados en BAR-BAR-U y el continuo descubrimiento y explotación de minerales preciosos, particularmente la abundancia de oro, hicieron indispensable el nuevo sistema solar.

La fuerza del sostén de AL-AL en el sistema solar, hizo que se enviara un comunicado muy enérgico para las Reinas SSS-T "pidiendo" que se evitara una guerra civil, y la pérdida de los recursos vitales aportados por el nuevo sistema, todos estos factores combinados dieron al rey AL-AL una posición muy poderosa desde la cual negociar una tentativa tregua, y un indulto.

Con las Reinas SSS-T mirando sobre su hombro, el rey de ASA-RRR, AN-U aceptó a regañadientes el acuerdo, por un tiempo.

Durante un tiempo el Rey AL-AL siguió proporcionando un flujo constante y abundante de minerales y metales preciosos a ASA-RRR. El furioso AN-U aceptaba los

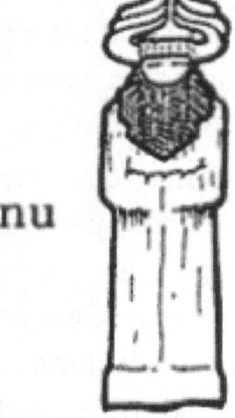

Anu

envíos en nombre del imperio ASA-RRR y el imperio AR-IO, pero continuó buscando cualquier signo de debilidad, cualquier problema que pudiera dar motivo para entablar su armada DAK contra AL-AL.

AN-U puso su propia elite IKU de pilotos estelares, los "IKIKI, en órbitas a través del sistema solar. Cualquier transgresión, cualquier error cometido por AL-AL, provocaría la ira de su Alteza, el Rey AN-U.

Para asegurar aún más el sistema solar, el Rey AN-U puso a su hijo, el príncipe AN-EN, a cargo de las naves élite IKU, y a un grupo especial llamado los 'IKIKI', "los vigilantes". Su título sería 'EN-LIL', 'El Señor Comando'. Para asegurar que los envíos de recursos vitales se mantuvieran intactos y a tiempo, el Rey AN-U nombró a su hijo mayor, el Señor Príncipe de EA, también un Maestro en Ciencias Genéticas, en la posición de EN-GI, la misma posición, una vez en manos de AL-AL-IM.

Señor Príncipe EN-LIL tendría sus bases en TIAMAT, al igual que su hermano, el príncipe EN-KI.

EN-LIL viajaba por los caminos del cielo, EN-KI desarrollaba los sistemas de mundos y llevaría a cabo continuos experimentos genéticos en el mundo acuático de SHANAMA, las operaciones de minería, la producción y el sector metalúrgico también caería en el ámbito del control del Príncipe de EA. De esta manera, el rey aseguró que su mano se extendería a lo largo del sistema solar de AL-AL.

Y así fue durante muchos períodos.

El ex rey AL-AL cumpliría su palabra, produciendo los recursos y manteniendo el orden en el Noveno Pasaje, mientras que el Rey AN-U a regañadientes le permitía a un, una vez odiado enemigo permanecer en el poder en el Noveno Pasaje. Sin embargo, AN-U nunca podría olvidar la lesión que sufrió en las manos de su tío AL-AL. Cuando en el palacio se hablaba del palacio duplicado del rey AL-AL, el Gran AN-U siempre se refería a él de una manera furiosa y despectiva.

Un 'Palacio impuro', lo llamaba, y su propio palacio, el ASA-RRR era el 'Puro', el Palacio de ARI-DU era el 'Oscuro'. TIAMAT mismo era el 'Mundo de la Oscuridad', a pesar de sus logros.

El Rey AN-U nunca olvidaría los tormentos que su padre había sufrido. El odio de toda la vida brotaba dentro de su propio ser. El rey AL-AL viviría, pero tendría que pagar por sus pecados en contra de la familia de AN-U.

Pero la historia estaba a punto de repetirse. En el corazón de ARI-DU, el nieto del rey AL-AL, AL-AL-GAR, aparente heredero al trono del sistema solar, se había convertido en una figura mucho más poderosa para los seguidores del rey AL-AL de lo que le gustaba al Rey ASA-RRR.

¡Él, como su padre, era un IKU! Pero AL-AL-GAR tenía un plan.

Después del entrenamiento IKU, el príncipe se trasladó al Alto Palacio de su abuelo, "AM-BAHU", "El Lugar de Reunión". Allí hizo un extraño pedido. En lugar de dormirse en los laureles, el Príncipe pidió recibir formación, sólo que esta vez, en la disciplina militar de la élite de los guerreros BEH. Las disciplinadas Fuerzas del Suelo que eran equivalentes a los Guerreros de la DAK de los Caminos Celestes, los BEH eran temidos por igual en el Noveno Sector.

Exhibiendo habilidades ejemplares, el príncipe una vez más completó su entrenamiento en corto tiempo. Subiendo con rapidez a través de los rangos, el Señor Príncipe AL-AL-GAR se ganaría el título de "IKU-MAR-BEH", 'Él es un Grande de los IKIKI y los BEH'.

Pero, AL-AL-GAR, un maestro de honor de ambas disciplinas Guerreras, habría de cosechar un título más. Él recibiría el título de "ZU", "Aquel que es Maestro Supremo", un estatus dado sólo a la elite de los Guerreros, un puñado muy selecto de combatientes.

¡El Gran AN-U estaba preocupado! Un maestro de la guerra habitaba lejos en el Reino de AL-AL... ¡y era un príncipe!

La forma en la que IKU-MAR-BEH había perseguido sus disciplinas militares en un tiempo tan breve le revelaba mucho al rey AN-U. Recordó lo que AL-AL había hecho con él cuando era príncipe. Y ahora, ¡el nieto de AL-AL, un príncipe, había sufrido la misma suerte a manos del rey AN-U!

AN-U estaba seguro de que conocía el corazón del joven príncipe. Él sabía cuán enojado debía estar IKU-MAR-BEH. El Rey AN-U tendría que tomar medidas inmediatas para impedir a IKU-MAR-BEH subir al poder, y posiblemente incitar a las colonias ARI-DU a rebelarse.

Y entonces, un preocupado rey AN-U se movilizó, así como su tío se había movilizado en contra de él hacía mucho tiempo. IKU-MAR-BEH fue nombrado copero del rey. Convocado al Palacio de ASA-RRR, IKU-MAR-BEH fue colocado en la sede del copero, una posición bajo el rey AN-U, donde podía estar constantemente vigilado.

En un esfuerzo por apaciguar a IKU-MAR-BEH, AN-U le otorgó grandes honores al joven príncipe, pero fue en vano. Aún así, el rey podía sentir el odio del príncipe. El

Rey AN-U sabía que nada tendría éxito, nada iba a cambiar la mente de IKU-MAR-BEH. Por esta razón, él siempre estaría en guardia. El Rey AN-U no tuvo más remedio que ser diligente observando al príncipe.

Pero había más problemas para el Rey en el lejano sistema solar. El Señor Príncipe EN-LIL, hijo de AN-U, el nombrado Señor Supremo del nuevo sistema, había protestado por su ubicación en una región tan lejos del Palacio de ASA-RRR. Tal vez él también le daría pensamiento a un intento de derrocar a su propio padre. Los Guerreros BEH eran leales, pero también eran una fuerza poderosa y no podía ser ignorada.

Una amenaza podía surgir de un grupo de rebeldes dentro de la IKIKI. Eran fieles a AN-U, pero todos tenían las familias en el nuevo sistema solar, y el príncipe IKU-MAR-BEH había sido uno de ellos. Ellos, también, podrían convertirse en una amenaza para su gobierno. Las preocupaciones en el Reino de AL-AL eran muchas.

AN-U tenía la esperanza de que la presencia de sus hijos ayudara, pero los enfrentamientos entre ellos habían empeorado mientras estuvieron en ARI-DU. Aunque Señores Absolutos de sus propios dominios, ninguno de los príncipes eran felices. Cada uno quería el control absoluto, un dominio total sobre todo el reino ARI-DU de AL-AL.

Ambos príncipes hacían amenazantes proclamaciones. El Rey AN-U no podía dejar de correr riesgos en ARIDU. Obligado a descender al distante y lejano sistema solar, el rey estaba decidido a poner las cosas en orden. Para protegerse de un golpe de Estado por parte del vengativo príncipe IKU-MAR-BEH, el rey AN-U se llevó al Príncipe junto con él en su viaje.

Sintiéndose seguro, el Rey AN-U se dirigió a los mundos de la discordia. Pero a medida que llegaban, el Príncipe IKU-MAR-BEH pidió un favor del rey. Muchos de la familia y amigos de IKU-MAR-BEH dentro de la IKIKI habían planeado una bienvenida para él, el Príncipe pidió permiso para hacerles una visita.

Distraído por los eventos pendientes, el Gran Rey duplicó la guardia de la DAK alrededor del joven príncipe y ordenó que las naves IKIKI fueran cuidadosamente vigiladas. Tal vez esto aplacaría al Señor IKU-MAR-BEH por un tiempo. Asegurándose que la situación estuviera bajo control, el Rey AN-U accedió a la petición.

Continuando hacia el Palacio de TIAMAT, el Rey esperaba ser recibido con una solución a la batalla entre sus hijos. Pero la disputa sobre el dominio de TIAMAT, el Mundo-Trono del sistema solar, no podría ser resuelta. El príncipe EN-LIL le dejó claro a su padre que si iba a permanecer en el distante y primitivo sistema solar, quería residir en el palacio como Rey de ARIDU.

El Príncipe EA argumentó que, dado que él era el mayor de los dos, que se lo merecía más, y que él era un científico genético, su camino de disciplina   era perfecto para reinar sobre ARIDU.

Viendo que no había solución para el dilema, el Rey AN-U acordó hacer una elección al azar para decidir el destino de ARIDU.

Por casualidad, el príncipe EN-LIL se convirtió en Señor de ARIDU, el mundo, y ARIDU el sistema. Príncipe EA seguiría en el EN-GI y continuaría organizando las operaciones de desarrollo y recuperación en todo ARIDU. Si bien la decisión influyó muy poco en la solución de las dificultades, le dio durante un corto tiempo un respiro al Rey... un tiempo muy corto.

El Rey AN-U abordó la pequeña nave que lo llevaría hasta su buque insignia en espera, la Nobleza, Ari-A y AN-U se acercaron a la Nave de la muerte del tamaño de un planeta, y no podría haber estado más orgulloso. La embarcación era verdaderamente una resplandeciente nave real.

¡Pero una inesperada sorpresa aguardaba al Rey!

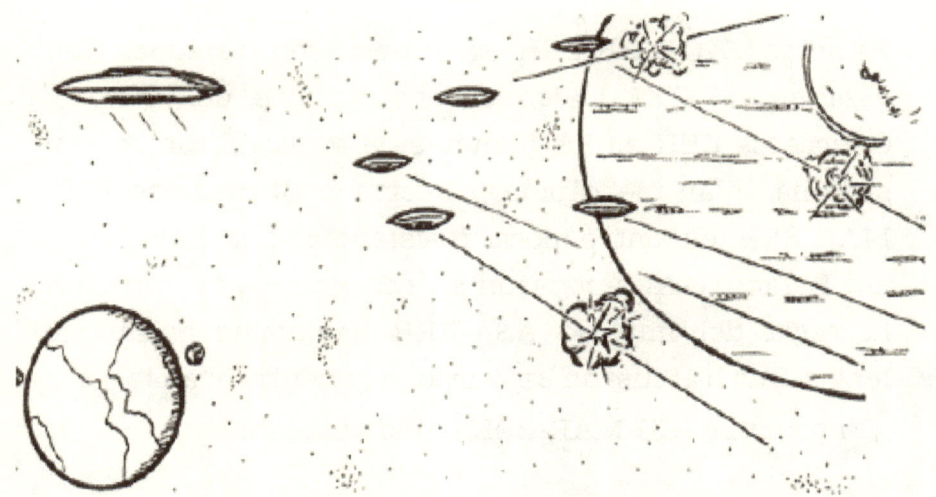

Abrumando a los guardias asignados a vigilarlo, el joven IKU-MAR-HEB y sus leales guerreros IKIKI habían capturado la embarcación insignia de AR, IKU-MAR-BEH tendría su venganza. Al acercarse a AN-U, la trampa estaba ya preparada.

Pero una advertencia en el último momento de un leal Guerrero de AN-U, hizo que este diera marcha atrás para huir. IKU-MAR-BEH golpeó rápidamente, dañando la embarcación del Rey.

Las fuerzas de AN-U, abrumadas y superadas en número, devolvieron el golpe.

La batalla fue feroz en intensidad y de corta duración. La Elite DAK de la Guardia Real tenía pocas posibilidades de victoria, todo lo que podían esperar era sólo crear el tiempo suficiente para que el Rey escapara. Mientras AN-U huía a las estrellas en una embarcación escolta, una explosión final y una gran bola de fuego divisándose a lo lejos marcó el último reducto de sus leales defensores DAK. El Señor

Príncipe IKU-MAR-BEH se movió con rapidez. Con guerreros IKIKI leales en los Pasajes del Cielo y Guerreros BEH en los planetas, la toma de control del sistema solar fue rápida y decisiva. El príncipe IKU-MAR-BEH encontró poca resistencia. Los habitantes del Reino AL-AL apoyaron su rebelión, se opusieron a la regla del imperio ASA-RRR. Pequeñas bolsas de leales de AN-U fueron capturadas, y neutralizadas.

¡El príncipe IKU-MAR-BEH había vencido!

Y en su victoria, él había capturado a la toda poderosa AR, la embarcación insignia de la armada de guerra ASA-RRR.

¡Los gritos de celebración fueron tumultuosos!

¡Viva el Príncipe! ¡Viva el Poderoso ZU!

El príncipe salió victorioso. Como Rey del reino rebelde, él llegaría a ser conocido como el Rey "ZU-ZU", o "ZUZ"(Zeus). La captura de la AR de AN-U le ganaría a ZU-ZU otro nombre, 'AR-ZU', 'Señor Supremo de la AR'. En honor a su victoria, el palacio de su abuelo, llamado anteriormente 'AL AMBAHU' pasó a llamarse 'AL ZU AMBAHU' o 'AL-AMBA-ZU' (Olimpos), 'Lugar de Encuentro de AL y ZU'.

La gloria del trono de ARIDU era suya.

'La Batalla de AN-U y Kumarbi', una antigua leyenda encontrada en las tablillas babilónicas de arcilla describe una batalla campal en los cielos en la cual el Príncipe Kumarbi pelea y derrota al Rey AN-U, que huye al cielo. Antes de que termine la batalla, Kumarbi 'muerde' los genitales de AN-U, lastimándolo. La historia dice realmente que Kumarbi 'utiliza sus dientes' (DAK) en las 'bolas de poder' de AN-U (La AR).

CAPITULO VIII

EL IMPERIO REBELDE

Rey SD-SD (Zeus) sabía que no sería capaz de saborear su triunfo por mucho tiempo. Una nueva guerra estaba a punto de comenzar, una guerra que enfrentaría a su joven sistema solar y a sus habitantes en contra de un sistema estelar más antiguo, que era el hogar de sus antepasados.

De vuelta en ASA-RRR, el rey AN-U irrumpió a través de su palacio. El evento específico que él había planeado evitar, una rebelión encabezada por el príncipe IKU-MAR-BEH, no sólo había ocurrido, sino que había obligado al mismo AN-U a huir en una terrible humillación. AN-U arremetió con una rabia casi incontrolable. Le ordenó a su segunda embarcación AR de la muerte alistarse inmediatamente para la guerra, el príncipe rebelde, ¡el Señor IKU-MAR-BEH lo pagaría muy caro! Las fuerzas de élite de combate de los guerreros BBS fueron cargados a bordo de la AR.

Los mejores pilotos estelares IKU fueron convocados, y el AR fue armado. Escoltados por cazas estelares RRR y embarcaciones de guerra, la armada AR pasó por el cielo sobre el Palacio del Rey. La visión levantó el espíritu del Rey, ¡la victoria estaba asegurada para él!

¡El príncipe IKU-MAR-BEH sería castigado por su conducta blasfema!

Pero el rey ZU-ZU estaba listo. El AR capturado también fue alistado. El Señor Rey AR-ZU (ZU-ZU) y su fiel IKU previeron un recibimiento inesperado para las fuerzas invasoras. Prefirieron no esperar la llegada de la armada, AR-ZU y sus fuerzas planearon emboscar a las Naves de la Muerte de AN-U cuando todavía estaban fuera del sistema solar ARIDU.

Al acercarse la flota estelar de ASA-RRR, AR-ZU esperó. Cuando sintió que el momento era propicio, las fuerzas IKU y BEH del Imperio rebelde descendieron repentinamente sobre la armada, con una furia propia de una tormenta galáctica. ¡Las embarcaciones de escolta que fueron tomadas por sorpresa estallaron en enormes bolas de fuego! Comenzó la batalla, destellos de luz blanca brillante y verde atravesaron la oscuridad.

AR-ZU observó el progreso de la batalla cuidadosamente. El momento para dar captura la AR tenía que ser eficiente. Al golpear sus naves de ataque con precisión, apareció repentinamente una ruptura en las formaciones de las fuerzas invasoras de AN-U. AR-ZU convocó de inmediato la captura de la Nave de la Muerte AR.

Por un breve instante, se hizo el silencio mientras las dos grandes embarcaciones de guerra se enfrentaron entre sí. Como dos toros poderosos con las cabezas bajas, la pausa sólo precedió a la arremetida. Caos, truenos y relámpagos llenaron los caminos estelares.

El fuego de las armas fue abrumador. El Señor rey AR-ZU tuvo que alejarse de la luz cegadora y el ruido ensordecedor de la batalla.

Cuando cesaron los destellos de luz, AR-ZU levantó su visera y se esforzó para ver a través de los fragmentos de humo que volaban por su nave. A medida que la niebla se despejó, AR-ZU se dio cuenta de que las explosiones habían sido definitivas. Habían provenido de su reciente y capturada Nave de la Muerte, AR. La enorme explosión lanzó trozos de metal en todas las direcciones. Fragmentos de la recubierta exterior de la AR rebotaron en la propia nave de AR-ZU.

La poderosa embarcación insignia de AN-U había derrotado a la Nave de la Muerte de AR-ZU y continuó avanzando con paso firme.

AR-ZU vio con horror como el cuerpo agonizante de la embarcación de guerra se precipitó en llamas hacia abajo en el camino del mundo P de KAKKAB SHANAMMA (Urano), el planeta donde el príncipe EA estaba llevando a cabo los experimentos en plantas y animales. A medida que la nave de metal del tamaño de una pequeña luna entró en la atmósfera, una lluvia de chispas llenaron los cielos.

Rayos de luz azul brillaron desde la embarcación a la superficie del planeta.

El cielo sobre KAKKAH SHANAMMA estaba en caos, incluso antes de que el globo de millas de ancho de metal ardiente chocara con el mundo. Al golpear en un ángulo, la mermada AR se salió del planeta, deslizándose y rebotando para luego catapultarse hacia el negro vacío. KAKKAB SHANAMMA se volcó sobre su eje. La sacudida del planeta produjo un gran estremecimiento y quebró las estructuras a lo largo de las cavernas internas del planeta, su núcleo estremecido fue sacudido e implosionó. Un mundo que una vez fue vertical, ahora yacía de lado contrario a su estado original.

El Señor AR-ZU vio impotente cómo sus valientes pilotos cayeron en el oscuro vacío en el moribundo AR. Había dado un golpe mortal a una buena parte de las fuerzas de invasión, pero por el máximo coste y sacrificio posible.

Alejándose de la vista, AR-ZU maniobró su nave en un arco hacia la aún móvil AR, la Nave de la Muerte de AN-U. Imponente en su tamaño, el AR era realmente magnífico en su horrible poder. Al seguir AR-ZU observando, se dio cuenta de que la AR se movía de una manera extraña, su camino era errático. Repentinamente, AR-ZU se dio cuenta ¡Los rayos de destrucción de sus pilotos IKIKI habían dañado la Nave de la Muerte! ¡El resultado de la batalla todavía estaba indeciso! ¡AR-ZU aún podría lograr una victoria!

Con un renovado sentido de esperanza, ordenó a sus embarcaciones de guerra a descender a AR, la Nave de la Muerte otra vez, con el mismo AR-ZU en la delantera. Utilizando cazas estelares ocupando las fuerzas de escolta, AR-ZU en su propia nave estelar, fue tras la maltrecha AR. Oleada tras oleada de naves estelares atacaron la embarcación dañada una y otra vez, mientras continuaba avanzando en el sistema solar de AR-ZU.

Con su propio arsenal de rayos de la muerte de gran alcance, la embarcación de guerra luchó mientras pasaba por el lejano IRU (Neptuno) y el ahora caído e inclinado mundo de KAKKAB SHANAMMA.

Sin embargo, el constante bombardeo de fuego de las naves de AR-ZU comenzó a pasar factura. Al trasladarse el poderoso AR a la proximidad de TAR-GALLU (Saturno), la tremenda gravedad del planeta anillado tiró de la ya estremecida nave de la muerte fuera de su camino directo hacia Tiamat. Casi fuera de control, la nave se esforzó por mantener su curso.

El Señor AR-ZU reunió a sus fuerzas para un último ataque. En un golpe final decisivo, el Señor AR-ZU y sus naves lo dieron todo en contra de la AR. A medida que cada Luchador estelar descendía y descargaba su arsenal, la AR se sacudió y se estremeció. El gemido y crujido de las explosiones internas sonaba como macabros y demoníacos gritos. Repentinamente, el AR estalló en llamas. Cada parte del planeta de la muerte se sacudió violentamente.

Humo y llamas salían de todas las grietas de la nave. Nubes con vapor denso y oscuro salían detrás de la enorme y tambaleante nave, la AR de AN-U estaba muriendo.

AR-ZU se recostó en su nave. Él había derrotado con éxito al orgullo de la flota ASA-RRR.

Pero, de repente, él se inclinó hacia adelante.

Los valientes pilotos IKU de AN-U pusieron la mira en el planeta de TIAMAT con la única arma que les quedaba, la misma AR, ¡la Nave de la Muerte! Maniobrando la llameante embarcación de guerra en plena desintegración, ¡Se lanzaron directamente a TIAMAT!

El Gran Palacio del AL-AMBAHU-ZU fue presa del pánico. La alarma fue enviada. La muerte estaba a punto de estrellarse desde el cielo. Naves estelares, naves de carga, naves de todo tipo, fueron requisados a efectos de evacuación. ¡Pero ya era demasiado tarde! ¡Nada se podía hacer! Los habitantes de TIAMAT no tenían ninguna posibilidad, no pudieron ser rescatados.

El Señor AR-ZU podía oír los gritos de su pueblo sobre los rayos de comunicación. Volviendo la cabeza, AR-ZU desactivó la conexión de audio. Los pilotos de AR-ZU se desviaron de su nave lejos. ¡Él, El Señor AR-ZU, tuvo que ser rescatado!

¡La colisión sería cuestión de minutos!

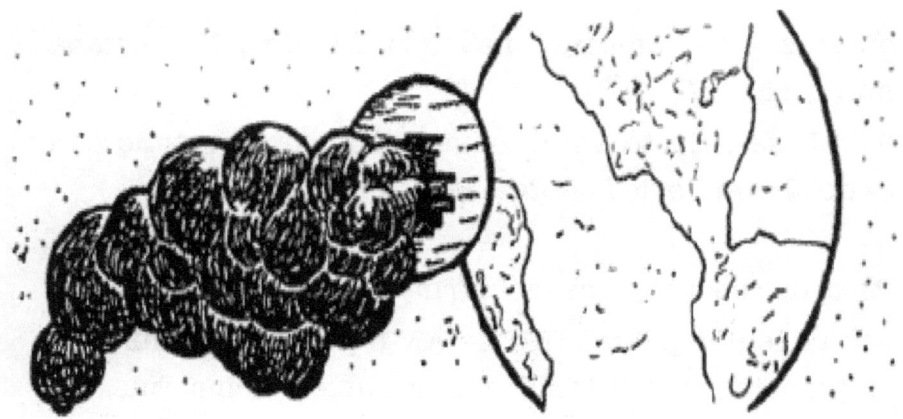

Mientras la AR, la Nave de la Muerte golpeaba el planeta, la nave del El Señor AR-ZU estaba envuelta en una luz cegadora. Por momentos, la onda expansiva golpeó la nave, rebotando a su alrededor como si fuera una hoja atrapada en una ola de marea. Cayendo y girando, la embarcación del señor AR-ZU fue lanzada en la dirección de TARGALLU, pasando muy cerca de los anillos de piedras.

Cuando sus pilotos recuperaron el control de la nave en giro, un incómodo El Señor AR-ZU se volvió hacia su amada TIAMAT. Ya no existía más.

El choque había arrancado del mundo lo que fue un paraíso aislado. Pedazos enormes del planeta volaban en todas direcciones. Magma, metal, fuego y relámpagos se mezclaban para crear la lluvia de la muerte.

Donde una vez estuvo el orgulloso planeta, sólo quedaban restos de rocas, humo y polvo. Piezas de TIAMAT seguían volando por sus lados cuando AR-ZU se trasladó para ver el planeta destruido.

A través de una nube de polvo, humo y gas, el Señor AR-ZU, esperando lo mejor, maniobró hacia TIAMAT, lugar donde había estado una vez.

¡A medida que se retiró de la oscuridad lo vio!

TIAMAT... o lo que quedaba del planeta.

El enorme planeta, con un agujero en un costado, y un rastro de humo detrás de él, se precipitó fuera de él hacia el sol. El príncipe se volvió de nuevo, TIAMAT se desplomaba en su muerte que yacía en dirección al Sol, hacia Bad. Su gente estaba muerta.

AR-ZU se quedó en silencio. Mientras miraba, su mirada se topó con un sistema solar que había quedado arrasado y diezmado. La guerra dejó su marca en las lunas y los planetas de ARIDU. La vida, las ciudades y el sistema solar fueron seriamente dañados y posiblemente irreparables.

El Señor AR-ZU miró el rastro de escombros entre DAK-MU, el planeta rojo y el mundo gigante de BAR-BAR-U.

¡TIAMAT ya no existía! Sólo las piedras de "grava" permanecían.

El Señor AR-ZU, y los IKIKI que se quedaron, volvieron a DAK-MU, la fortaleza central. DAK-MU, un mundo maravilloso en sí, se convertiría en el nuevo planeta Real. En DAK-MU, el Señor y Rey AR-ZU empezaría de nuevo, a reconstruir la gloria de TIAMAT y a construir una nueva era de oro, independiente de ASA-RRR.

Mientras el Señor AR-ZU, ahora rey ZU-ZU, descansaba en su palacio en la cima de la montaña de DAK-MU, un sorprendente mensaje fue recibido. El fragmento más grande de Tiamat había ralentizado su caída hacia el sol y ¡No desaparecería en el abismo ardiente en absoluto! Llegaría a descansar en su propia órbita justo dentro de la órbita de DAK-MU.

El Señor Rey ZU-ZU no perdió tiempo. Convocando a sus propios equipos de científicos genéticos, ordenó reconstruir los restos quemados del esqueleto de TIAMAT.

De alguna forma, de alguna manera, el Rey ZU-ZU traería nuevamente a la vida, a la gloria al Mundo-Paraíso.

El éxito de los científicos genéticos levantó los ánimos del Rey. De inmediato ordenó la construcción de un gran monumento, un palacio, para conmemorar la caída de los guerreros leales a ARIDU. También sería un monumento a su padre y su abuelo. En el Salón de la AL-AL-U (Valhalla) en el mundo reconstruido, serían honrados, para no ser nunca olvidados.

Durante un tiempo, la destrucción de la AR y su escolta guerrera junto con la toma rápida del Noveno Pasaje y sus puestos exteriores, sostuvo al Gran AN-U en la bahía. La fuerza de ZU-ZU y sus brillantes tácticas de guerra habían sorprendido al rey ASA-RRR y sus fuerzas militares. Se necesitaría mucho tiempo para volver a evaluar, a planificar otro ataque.

La Teogonía (historia de los dioses griegos), un antiguo relato griego relata la historia de Zeus (ZU-ZU) y los dioses del Olimpo (AL-AMBAHU-ZU) que batallan contra los antiguos dioses del Monte Othyres. (OSIRIS o SIRIO). Además, la teogonía revela que cuando Zeus entró en guerra con los antiguos dioses, Tifón, un monstruo grande y horrible, fue enviado por los Antiguos Dioses para destruir a ZEUS:

"Cuando Zeus venció a Tifón, este fue lanzado por una ruina destruida. La enorme tierra gimió. Una gran parte de la enorme tierra se quemó por el terrible vapor, Derritiéndose como el estaño se derrite... A la luz de una llama de fuego, la tierra se fundía."

(Tifón era un nombre de la AR de AN-U).

Pero el rey ZU-ZU sabía que esto no podía durar siempre.

El Rey AN-U había sufrido mucho. Él no permanecería quieto, no por mucho tiempo. A-NU había sufrido un ataque personal y lesiones, había perdido a su nave insignia en un golpe de toma de posesión, y además había perdido un segundo planeta de la muerte en la batalla. ZU-ZU había causado mucho daño y pérdida a AN-U, y él le había quitado un elemento clave del sostén del Imperio en el Noveno Pasaje. AN-U estaba comprensiblemente enojado.

¡Su imperio había sido desafiado!

Sin embargo, AN-U tenía mucho más en juego, el futuro del Noveno Pasaje estaba en riesgo, al igual que su permanencia en el trono. La pérdida de control del sistema de Noveno Pasaje podría dar a las Reinas de la Guerra ARI-AS razones de ponerse del lado de los rebeldes ZU-ZU, minar minerales preciosos y producir metales pesados era más importante.

Las Reinas ARI-AN decidieron permitir que ZU-ZU permaneciera en el poder, como habían permitido que lo hiciera su abuelo AL-AL.

Y eso no era todo lo que le preocupaba a AN-U, el Príncipe EN-LIL también forzado a huir del sistema ARIDU, había regresado a sentarse en la Corte Real de ASA-RRR.

La amenaza potencial que él plantea tampoco podía ignorarse. El Rey se enfrentaba a peligros por todas partes. Pero antes de que pudiera actuar, el rey recibió la noticia de que el príncipe SSS-T requería de su presencia en el Palacio de ARI-AN. Esto preocupó a AN-U. Él sabía que pedirían cuentas. Su derrota en manos del rebelde Señor AR-ZU necesitaba tener una resolución.

AN-U se presentó ante las Reinas, un plan para el contra-ataque había sido elaborado por sus Comandantes DAK. El argumento para la acción inmediata parecía obvio para él.

Las Reinas ARI-AN escucharon a AN-U. En sus palabras encontraban argumentos en favor de la continuación de los asaltos contra el sistema estelar rebelde. Al término de su charla, AN-U estaba seguro que había realizado un papel convincente.

Cuando se sentó, se volvió para ver las puertas de la cámara abrirse. Para su consternación, el rey rebelde ZU-ZU ingresó a la Corte. AN-U se puso de pie para protestar, pero se le ordenó sentarse en silencio. A medida que el rebelde advenedizo hablaba con las Reinas, AN-U no podía permanecer sentado. Al ponerse de pie se le ordenó nuevamente sentarse.

El Rey ZU-ZU dejó clara su posición. Él era el legítimo rey de ARIDU y la gente lo quería. El sistema no había sido destruido, la producción de metales y el suministro de minerales vitales podría continuar. El acuerdo con su abuelo se cumpliría, AR-ZU honraría anteriores promesas... pero sin la presencia de AN-U.

Cuando terminó, el rey ZU-ZU se sentó. Las reinas no dijeron ni una palabra.

Pero después de un momento, una Anciana Reina se puso de pie. Sus palabras eran severas. La guerra civil, independientemente de la causa, había causado la destrucción de Tiamat, un mundo fundamental para los Imperios de ARIDU, ASA y RRR-ARI-AN.

Las vidas de millones de personas habían sido amenazadas, innumerables guerreros de ambos sistemas habían muerto.

¡Las Reinas SSS-T exigieron el cese de las hostilidades!

¡No habría más destrucción!

Los acuerdos con el rey AX »-AL, en la forma que el Rey ZU-ZU tenía, ¡continuarían!

¡La guerra había terminado!

Para el horror del Rey AN-U,

¡Al rebelde se le permitiría vivir!

Una vez más, un miembro de la Casa Real de AL-AL-U le había frustrado. El Rey AN-U estaba furioso. ¡Esto no se permitiría!

Llegará un día, prometió, en el que el sistema solar sería nuevamente parte del imperio de ASA-RRR. Y así... la Era Dorada de ZU-ZU prosperaría, aunque sólo fuera por un corto tiempo.

Los cuentos del mundo bajo los auspicios del rey ZU-ZU eran muchos. Aunque salvador de su pueblo, él seguía siendo un rey... y sujeto a arbitrarios caprichos. Sin embargo las cosas estaban bien. Pero el destino volvería a interferir con el futuro del sistema solar de ARIDU.

Poco después de la confrontación en el Palacio SSS-T, las Reinas ARI-AN se encuentran ante el espectro de la guerra con un enemigo de eones. Por desgracia para

ZU-ZU, la amenaza venía de un sistema estelar vecino, no lejos de su sistema solar de ARIDU.

Advertido de la situación amenazante, AN-U reconoció una oportunidad para eliminar al rebelde del poder. Acercándose a las Reinas ARI-AN, el rey AN-U hizo un argumento a favor de la eliminación del joven rey ZU-ZU. El Noveno Pasaje era vital para el imperio ARI-AN. ZU-ZU, en su ambición de expandir su imperio, podría dejarse influenciar de aceptar el apoyo de los mismos enemigos que amenazaban batallar contra las Reinas SSS-T.

Si ZU-ZU se había rebelado contra el Imperio ASA-RRR sin ayuda, *¿por qué no se rebelaría contra la reina SSS-T con el apoyo de los enemigos de los ARI-AN?*

Las Reinas ARI-AN lo pensaron y estuvieron de acuerdo. Ellas ayudarían al rey ASA-RRR en su regreso a los sistemas solares del Noveno Pasaje para someter al Rey ZU-ZU. ¡El Señor Rey AN-U estaba eufórico! En esta empresa, él no fracasaría. Esta vez, ¡las armadas de guerra tanto de la SSS-T como de los imperios ASA-RRR unirían sus fuerzas!

Al liderar juntas sus Naves Estelares y todos sus guerreros junto a las fuerzas de las Reinas SSS-T, AN-U había reunido una armada tan potente como nunca se había visto antes. El cielo de los mundos de sirio se llenó de embarcaciones de guerra y naves espaciales. La gente ASA-RRR, el ASA-RR-U, aplaudieron cuando el poderoso ejército del rey preparó su salida.

¡La victoria estaba escrita en los cielos!

Al Señor Rey ZU-ZU se le dijo que una comitiva diplomática estaba en camino hacia su reino del sistema solar. Cuando se diera cuenta de la trampa, sería demasiado tarde. Encubierto y en silencio, la armada de embarcaciones de guerra llegó al borde exterior del sistema ARIDU antes de que fuese detectada. Este error podría resultar fatal para el rey y su joven imperio.

La batalla fue rápida y decisiva.

Las fuerzas invasoras se vertieron en el sistema solar. Las fuerzas IKIKI y DEH de AR-ZU se vieron abrumadas por el gran número de embarcaciones de guerra ASA-RRR y ARI-AN. En poco tiempo, las fuerzas guerreras invasoras rodearon el planeta. Pero las órdenes de ataque, emitidas por el rey de AN-U no permitían prisioneros, DAK-MU habría de sufrir la aniquilación total.

Los cazas estelares estaban arrasando todo lo que existía sobre la superficie de DAK-MU. Las bolas de fuego creadas por los golpes de los misiles destrozaron todo, incluyendo edificios de piedras, convirtiéndolo en cenizas y carbón. Golpes finales con destructivos y abrazadores rayos de luz vaporizando lo que quedaba. Lo que no fue aniquilado, fue quemado y fundido más allá del reconocimiento.

El Rey ZU-ZU fue capturado y sometido, condenado a volver al sistema Estelar de sirio para el castigo. Todas las fuerzas rebeldes del rey guerrero rebelde ZU-ZU fueron ejecutadas sumariamente, al igual que los leales fieles y seguidores. La totalidad de la población del imperio sería brutal y cruelmente castigada... culpables o no.

La superficie del planeta de la guerra fue borrada. Todos los rastros de la vida bajo el reinado de ZU-ZU fueron destruidos. Las ciudades fueron arrasadas, los bosques destruidos. La belleza del planeta y su civilización ya no existía. Todas las formas de vida fueron destruidas. Sin animales o plantas para alimentar a su atmósfera, la vida del planeta, una vez floreciente murió. Sólo sus arenas de color rojo se mantuvieron. El polvo rojo-sangre se convirtió en un monumento apropiado a la guerra bañada de sangre del Sistema Solar en el que miles de millones perecieron.

El Gran Señor Rey AN-U se sintió aliviado. El Maligno, el rey rebelde ZU-ZU fue vencido. La mano de los ASA-RRR fue rehabilitada al Noveno Pasaje, y el reino de las Reinas ARI-AN SSS-T fue reforzado una vez más.

Y así reinó la paz durante un tiempo...

CAPITULO IX

ERIDU

La Nave del príncipe EA se movió lentamente sobre el terreno. Examinó cuidadosamente la superficie. Enormes capas de hielo glacial cubrían la mayor parte de los hemisferios superior e inferior, una franja ecuatorial era la única parte intacta.

El príncipe y su equipo han analizado cuidadosamente la información, el lugar del aterrizaje ya había sido seleccionado. Al salir el Príncipe a examinar el área, las palabras de su padre, el Rey AN-U, eran claras. Reconstruir el devastado sistema, le ordenó al príncipe EA.

La destrucción del mundo de ZU-ZU había sido completada. El planeta de las Arenas Rojas fue reducido a polvo y escombros. Todos los rastros de vida habían sido destruidos. Sin vida ni plantas, la atmósfera murió. Las capas de hielo de los polos se habían formado casi hasta el ecuador, DAK-MU se congeló a muerte.

Y su mundo hermano, DAK-A-MU, había sido transformado en un planeta de tierras áridas, quemadas y los océanos eran mortales y venenosos.

ARIDU, el una vez reconstruido hogar del Rebelde ZU-ZU, también fue devastado. Sólo IRU, TARGALLU y

BAR-BAR-U se habían mantenido relativamente intactos.

El príncipe no podía imaginar lo que debía haber sido estar en el medio de todo, en el centro de las batallas. Él, al igual que su hermano, se había visto obligados a huir. Miró hacia el cielo. El príncipe sabía que su hermano estaba en una posición más alta. En algún lugar, en un crucero militar, en órbita, estaba arriba, mirándolo hacia abajo. Príncipe EN-LIL era el Señor de las Vías Aéreas.

Al príncipe EA le había sido comandada la re-construcción. El príncipe miró el mundo destruido. La tarea sería genial, se aseguraría de cumplir con las órdenes de su padre. Él re-construiría, y establecería una operación de minería, extrayendo minerales esenciales y minerales preciosos. Él habría de re-construir el mundo paradisíaco del planeta devastado por la guerra... y tal vez, habría de hacer un poco más. EA se deleitaba con ese pensamiento.

Y así comenzó, el Príncipe EA y su equipo de voluntarios, **los ANUNNAKI.** El lugar elegido para el compuesto inicial tenía mucha agua y un suelo fértil. Los estudios habían revelado depósitos de minerales preciosos abajo. Era el lugar lógico para comenzar.

Cada uno de los miembros de la tripulación del Príncipe había sido seleccionado por sus habilidades o capacidades especiales. Cada uno de ellos había sido asignado al rango de Señor, cada uno había recibido una cantidad de bienes en ARIDU, y a cada uno se le dio una parte justa de los futuros ingresos monetarios de las nuevas colonias.

Los premios eran generosos, los peligros considerables. El príncipe se había tomado su tiempo seleccionando su equipo, los riesgos eran altos. Pero él se sentía orgulloso, ellos eran buenos, muy cualificados para las tareas.

La primera tarea fue la construcción de la base de operaciones. El compuesto sería construido en piedra, naturalmente durable y de fácil acceso. Pero a medida que los Anunnaki comenzaron a levantar las luces de corte y soportes de sonido, los generadores dejaron de funcionar. Las líneas de energía natural de la red de energía, comunes a todos los mundos eran extremadamente fluctuantes en el planeta.

La 'gran colisión', el evento que había creado el mundo en el que estaban, había causado que el núcleo interno se volviera inestable, provocando una constante vacilación de las líneas de energía.

Para producir un suministro estable de energía, el Príncipe EA localizó un punto en el que seis líneas de energía se cruzaban de forma natural. Aquí, en la intersección, el príncipe erigió una Gran Casa de Energía, un centro de enfoque que extraería la energía suficiente para hacer funcionar la maquinaria de construcción. Cristales Energéticos, especialmente cultivados para tal propósito, fueron colocados en las Cámaras de Energía.

La Casa de Energía también sostendría el Centro de Re-animación dentro de sus muros. Técnicos fatalmente heridos debían ser atendidos inmediatamente.

El Príncipe EA no podía permitirse el lujo de perder ni uno de sus hombres cuidadosamente elegidos. Como los temidos D-K eran 'destructores de Vida', los Anunnaki eran conocidos como los K-D, los 'que dan vida'.

Y, debido a que las líneas de energía pulsante irregular hacía poco fiables a los instrumentos de las Naves Estelares, la Casa de la Energía fue construida con cuatro lados triangulares altamente reflejantes que permitían una orientación aérea para los pilotos en lo alto. Poco a poco los problemas de energía comenzaron a ser resueltos.

Pero la mayor parte del tiempo, las anomalías de energía hacían difícil el progreso en todos los aspectos de los proyectos de minería y construcción. Los técnicos de campo se vieron obligados a realizar trabajos físicos inesperados para compensar los equipos averiados. Los Anunnaki eran pocos, los trabajos a realizar parecían infinitos. Los Anunnaki se quejaron.

El Príncipe EA transmitió las palabras del Rey AN-U, pero el rey no quería oír hablar de sus problemas.

¡La producción tendría que aumentar!

Los Anunnaki se sentían abrumados con el exceso de trabajo e ignorados, ellos protestaron y amenazaron con poner fin a sus labores. El príncipe EA prometió un aumento de minerales y metales para el futuro inmediato. A regañadientes, pero con la promesa de entregas adicionales, los Anunnaki volvieron a sus labores.

Los equipos de recuperación, de construcción y minería cambiaron a luces de corte de bajo consumo y maquinaria de ondas sonoras. Sin embargo, un menor consumo significaba una menor producción. La producción era más lenta, causando la preocupación del Rey AN-U. Para este fin, el Príncipe EA comenzó a usar bestias de carga para ayudar a los Anunnaki. El progreso era lento, pero hubo avances.

Pero con el tiempo, la operación fue capaz de comenzar a enviar los cargamentos de oro en la fecha prevista. Naves de transporte aterrizaron en ARIDU y partieron con su carga vital. El oro era enviado inmediatamente de vuelta a ASA-RRR, otros metales preciosos fueron enviados directamente a las refinerías de BAR-BAR-U y TARGALLU. Incluso el giro basculante y errático de SHANAMMA KAKKAB comenzó a mostrar señales de vida en su superficie.

Las cuadrillas de construcción completaron las estructuras de piedra del complejo, haciendo que el asentamiento ARIDU se pareciera más a una ciudad, y no un campo llovido. Y en el centro del complejo, un magnífico centro de Agricultura Biológica se estaba convirtiendo rápidamente en el centro de la ciudad de piedra.

El príncipe había hecho bien, el gran AN-U estaba complacido.

La operación del Príncipe de EA, le permitió a AN-U retener el control del sistema solar ARIDU y mantener su control sobre la Líneas Estelares en el Pasaje. EA había logrado superar las expectativas de su padre. Su talento como maestro de Génesis había sido puesto a prueba y se había superado.

¡TIAMAT había vuelto a nacer!

Rey AN-U de inmediato envió un mensaje de que la 'Vieja ARIDU', el 'Lugar Conquistado', ¡estaba muerto! 'ERIDU', el 'Lugar Esclavizado' ¡estaba vivo! Nadie dudaría alguna vez del poder, la fuerza y la venganza del rey ASA-RRR ¡otra vez!

El nombre de la colonia serviría como un recordatorio y una advertencia para todo aquel que tratara de impugnar o cuestionar el poder del Gran AN-U

¡La mano de AN-U siempre estaría sobre ERIDU!

De ERIDU viene la palabra para la Tierra:

Erde (alemán)

ERDA (alto alemán antiguo)

Jordh (islandes)

Airtha (gótico)

Jord (danés)

Erthe (Inglés Medio)

Al Príncipe EA se le asignó el título de EN-GI, "Señor de ERIDU". ¡El mundo devastado era nuevamente un lugar vivo!

EA cuidadosamente manipuló y desarrolló formas de vida animal y vegetal que pudieran soportar el duro ambiente de nitrógeno y el aire venenoso del planeta. Unidades de acondicionamiento de la atmósfera comenzaron a hacer el aire respirable y más caliente. A menudo trabajando por muchos períodos de tiempo, el príncipe le dio poca importancia a descansar.

Sin embargo, los continuos esfuerzos del príncipe EA tuvieron sus recompensas.

Una de sus ambiciones, el establecimiento de un Centro de Ciencias de la Vida, un centro agrícola/ biológico, fue realmente logrado. Un laboratorio sobre el suelo, el Centro de Vida, que producía las especies híbridas y criaturas híbridas que podían ser trasplantadas alrededor de todo el mundo. El Centro se convirtió en el orgullo de EA y su alegría, en el Jardín de la Vida.

Una vez más, el mundo comenzó a tomar la apariencia de un mundo paradisíaco. ¡Una vez más, el planeta estaba vivo! ERIDU fue una vez más, un dador de vida a los planetas del DAK-MU (Marte) y DAK-A-MU (Venus), pero se les prohibió tener vida una vez más sobre su superficie. El Gran AN-U decretó que ambos mundos se quedaran estériles, que servirían como advertencia a cualquier rival potencial.

¡La ira de AN-U era enorme!

El Centro Agrícola también estaba haciendo grandes progresos en la creación de nuevas formas de vida capaz de sobrevivir a la atmósfera de ERIDU. Pero los experimentos ocuparon la mayor parte del tiempo del príncipe EA, distrayéndolo de los deberes de administración, tan necesarios para un Señor.

¡El Gran Rey AN-U estaba molesto!

El rey de ASA-RRR había puesto al príncipe EA a cargo de ERIDU, debido a sus habilidades de Génesis. Príncipe EN-LIL, su segundo hijo, habría de permanecer a cargo de las vías aéreas y las vías del sistema solar ERIDU. Pero el príncipe EN-LIL una vez más, dio señales de gran descontento de ser colocado muy lejos del Palacio Real de ASA-RRR. Esto molestó aún más al Rey. Y así se trasladó a resolver los problemas. Al príncipe EN-LIL se le dio el control administrativo de ERIDU, el sistema solar, el planeta y la ciudad. Sin embargo, el control sobre el desarrollo y explotación de los planetas se mantendría a cargo del príncipe EA.

Por lo tanto, ¡el dominio sobre ERIDU sería compartido! De esta manera. El Rey AN-U creía que podía seguir manteniendo a un furioso EN-LIL lejos de la Corte, cumplir con sus ambiciones como Señor del Poder, y todavía utilizar las habilidades del príncipe EA.

El Príncipe EA, aún EN-GI, estaba destrozado y enojado. Todos sus esfuerzos y éxitos habían sido ignorados, su lugar en el imperio lejano había sido quitado. Iracundo, el Príncipe de la Vida partió de

Anu   Enlil   Enki   Nin-Hur-Sag

ERIDU, trasladándose a una lejana región para construir un nuevo Centro de Agricultura Biológica.

Aquí, también desarrollaría una operación de minería de oro, pero en este caso, se centraría en su pasión, la ingeniería de la vida. Junto a su hermana, la princesa NIN-HUR-SAG, también un científico de Génesis, comenzaron un renovado esfuerzo en la creación de formas de vida para el planeta de ERIDU. Y en este esfuerzo, la Princesa NIN-HUR-SAG sería el creador de una criatura "híbrida" que cambiaría para siempre el destino de ERIDU y sus Amos ASA-RRR.

Mientras tanto, el príncipe EN-LIL usaría sus propias habilidades para agilizar la operación. Incrementando la producción, solicitando vuelos adicionales de carga, y exigiendo más trabajo de los Annunaki, el príncipe EN-LIL produjo mayores cantidades de mineral a menor costo, y en menor tiempo. Esto agradó en gran medida al Gran Rey AN-U.

Pero la demanda de una mayor producción estresó a los trabajadores Anunnaki al punto de la ruptura.

Impulsados por el aislamiento y la distancia de sus seres queridos, la ira de los Anunnaki se convirtió en un autentico parón de la producción, una huelga. Al verse amenazado con el castigo, un grupo de ANUNNAKI atacó el palacio del mismo EN-LIL. Viendo su vida en peligro, el Príncipe EN-LIL inmediatamente llamó a AN-U para que descendiera al lejano reino.

El enojado Rey respondió a la llamada de ERIDU, tanto el príncipe EN-LIL como los Anunnaki, exigieron una audiencia con el Rey.

Los trabajadores enojados solicitaron la supresión inmediata del Príncipe EN-LIL. Incluso el Príncipe pidió ser quitado, su deseo era volver a la lejana Corte Real de ASA-RRR. En voz baja pero con firmeza, el Señor Príncipe EA se sumó a las peticiones de la reasignación de su hermano. Una vez más ante una situación grave, el Rey AN-U se vio obligado a tomar camino hacia la estación con significativos problemas.

Al llegar al Palacio de ERIDU, AN-U inmediatamente celebró una audiencia con el propósito de resolver la situación. Las voces eran fuertes y coléricas. Todo el mundo presentó su caso para el regreso del príncipe EN-LIL a la corte de ASA-RRR. Nadie pidió que continuara su gobierno. Cuando las voces por fin se tranquilizaron, los deseos de cada miembro de la asamblea estaban claros, EN-LIL debía irse.

Todo el mundo se volvió hacia el rey. El estaba sentado en silencio, sin hacer ningún movimiento. Estaba profundamente preocupado, él hubiera esperado que el

Señor Príncipe EN-LIL de alguna manera pudiera ser conservado en ERIDU, pero el grandioso y sabio AN-U se le vio deseando, y necesitando una solución.

Viendo su oportunidad, el príncipe EA dio un paso adelante. Con la princesa NIN-HUR-SAG a su lado, el príncipe le propuso a su padre y a la Asamblea, una solución simple.

Dentro de los Centros de Vida, él y la princesa habían diseñado muchos híbridos para su uso en el trabajo en los campos. Mediante la utilización de sustancias genéticas de la misma gente de ASA-RRR y de los materiales genéticos de las bestias de ERIDU, fueron creadas criaturas híbridas de media sangre ASA-RRR.

Las criaturas mantenían sus fuerzas naturales, pero además ganaron la suficiente inteligencia para comprender las órdenes. El éxito temprano del trabajador híbrido lagarto 'H-N' en las minas subterráneas demostró el valor de este tipo de experimento.

Otras bestias fabricadas, exitosas solamente en tareas especializadas fueron los 'SEMT-UR' un ser híbrido mitad caballo y mitad ASA-RRR, capaz de transportar cargas a grandes distancias; y los poderosos seres 'MENT-UR, medio toro, mitad ASA-RRR con una capacidad de hazañas de fuerza extraordinaria. El éxito de los híbridos alentó al Príncipe EA y a la Princesa NIN-HUR-SAG a intentar una nueva combinación no probada, una que les resolvería la dificultad que tenían.

El Rey AN-U se inclinó hacia adelante en su trono. La posibilidad de una bestia híbrida como solución a sus problemas era intrigante.

El Príncipe EA, al ver el interés del Rey, se dirigió hacia una princesa NIN-HUR-SAG que se encontraba a la espera de una señal. Le hizo un gesto a ella, y ella a su vez hizo un gesto hacia el pasillo. El espectáculo estaba a punto de comenzar.

Para sorpresa de todos los reunidos, una enorme bestia negra peluda vino hacia adelante. Era el "APA", una bestia de la jungla, conocido por su fuerza y ferocidad.

Gritos de protesta y miedo salieron de la asamblea, ¡la bestia estaba sin cadenas! Pero antes de que nadie se pudiera mover, la Princesa NIN-HUR-SAG le dio a la bestia una orden, que la bestia con calma siguió obedientemente. Y en los siguientes momentos, mientras todos observaban, la bestia obedeció todas las órdenes de la Señora científica de Génesis.

Cuando la manifestación se terminó, el príncipe le explicó su idea al Rey. La criatura, una bestia de gran fuerza y de inteligencia limitada podía ser alterada genéticamente para convertirse en un trabajador en las minas, alejando así las dificultades de los Anunnaki y liberándolos de las tareas más importantes de la construcción.

El Gran AN-U estaba impresionado. De hecho, el híbrido propuesto parecía ser la solución. Los murmullos de los

Anunnaki parecían ser de aprobación, según sintió EA. Él sonrió, seguro de que había tenido éxito en eliminar a su hermano de ERIDU.

El Rey AN-U se puso de pie. El Príncipe EA esperaba una buena noticia, ERIDU sería suya ahora, EN-LIL se marcharía pronto. El dominio del sistema solar, finalmente le pertenecía por derecho.

El rey hizo su pronunciamiento. ¡El Príncipe EA comenzaría inmediatamente los cambios genéticos necesarios para modificar la bestia! Todos los trabajadores ANUNNAKI volverían a sus operaciones hasta que la nueva criatura estuviera lista para trabajar en el campo.

Sin embargo, para el horror del príncipe EA, el rey terminó sus palabras con un anuncio que cortó todo su ser como un cuchillo... ¡EN-LIL se quedaría a cargo de ERIDU! ¡La bestia del príncipe EA podría aliviar la situación y permitir a EN-LIL quedarse!

Tales fueron las palabras del Rey, ¡así sería! El Príncipe EA estaba destrozado. ¡Una vez más le había sido negado el trono de ERIDU! EN-LIL, su adversario de toda la vida, ¡era una vez más el vencedor!

Saliendo furioso del Palacio, el príncipe EA juró nunca más entrar en el Palacio ERIDU, ¡hasta que el trono fuera suyo! A pesar de haber sido el hijo primogénito del rey A-NU, nunca ascendería al trono de ASA-RRR, porque el Príncipe EN-LIL, el hijo más joven, había nacido del Rey AN-U y su media hermana, un requisito en las Normas de Sucesión de ASA-RRR.

¡Y ahora el trono de ERIDU también le había sido arrebatado!

La enemistad entre los dos se había extendido hasta el fin de la vida misma. EN-LIL creyó que el propósito mismo de la vida era dar servicio eterno a los Reyes y al Trono de ASA-RRR. Sin embargo, las Ciencias de la Génesis habían revelado algo muy diferente al príncipe EA. La vida controlada no era vida evolucionada, así de blasfemo como esto pudiera ser en ASA-RRR.

El Príncipe EA veía la vida como una oportunidad para la exploración de sí mismo. Nacido de la misma sangre y mundo, dos hermanos no podrían haber estado más alejados en sus formas.

Y así, las palabras de la Gran AN-U añadieron su parte a la pelea que ya se estaba librando entre los dos príncipes. El Príncipe EN-LIL sería el Señor de la Palabra (Comando) y continuaría con su gobierno de hierro, mientras que el príncipe EA seguiría siendo el Señor Génesis, desarrollando ERIDU a las expectativas de su padre.

El Príncipe EA se le reasignó a su tarea, rediseñando a la bestia que su hermana había iniciado para satisfacer las necesidades de la comunidad trabajadora de los Anunnaki. Con su hermana a su lado, el Príncipe inició los complicados procedimientos. Pero la ira moraba en su corazón, y no dejaría sus pensamientos.

Y así nació la venganza de EA. Aunque dirigido a utilizar el material genético de uno de los Señores Anunnaki, elegidos específicamente por el Príncipe EN-LIL, el príncipe EA sustituyó las células por células de su elección para el experimento. El tiempo para el descubrimiento de la verdadera identidad de la bestia habría de venir de un día a otro, y él, el príncipe EA, tendría la última palabra.

Prototipo tras prototipo fue probado. Lentamente, la bestia fue desarrollada en inteligencia, sin sacrificar los puntos fuertes.

A través de la experimentación en el campo, el producto final hizo su aparición. Precipitado al servicio, la bestia inmediatamente se puso a prueba. Con fuertes brazos y espalda, la destreza de la mano y lo suficientemente inteligente como para seguir instrucciones, la versatilidad de la criatura no tardó en crear una fuerte demanda por los Anunnaki para bestias adicionales. El híbrido del APA, conocido como "ADAPA", era una bestia hábil, dispuesta a servir a sus amos.

El Príncipe EN-LIL no estaba contento con la bestia desde un principio. No se fiaba ni del temperamento de la criatura, ni de su hermano. La bestia era peligrosa, el control era una empresa que no tenía ningún deseo de hacer. No era un presentimiento, era una sensación de angustia con la que EN-LIL, no podía estar tranquilo.

Sin embargo, obligado a utilizar la bestia por órdenes de su padre, el príncipe EN-LIL decidió poner a la bestia en las más peligrosas situaciones de trabajo y en los entornos más duros. La criatura era un experimento y por lo tanto, prescindible. Exigiendo que las bestias que se caían en el trabajo no fueran atendidas o aliviadas, el Príncipe fue responsable de la muerte de muchas de las criaturas. Eran, después de todo, sólo bestias.

El Príncipe EA recibió la noticia con ¡horror! Las criaturas sus animales de experimentación, los ADAPA estaban siendo obligados a trabajar a muerte por órdenes de su hermano. Las criaturas no eran ayudantes de trabajo, se habían convertido en esclavos, sin consecuencias, esclavos desechables.

El príncipe EA nunca había sentido tanta rabia antes. Todos sus esfuerzos estaban siendo sistemáticamente destruidos, su reclamación de ERIDU, el planeta, y la exitosa construcción de ERIDU, la ciudad, y la creación y diseño de una bestia de trabajo. Había una destrucción sin sentido de todo por lo que el príncipe EA había trabajado tan duro. La historia de toda su vida era una historia en curso de sumisión a los caprichos de su hermano.

¡Pero ahora esto tendría su final! El Príncipe EA devolvería el golpe. Ya no aguantaría más la dominación de su hermano sobre él. Él haría que su hermano pagase por sus pecados... a través de un inesperado vehículo ¡La bestia!

Al regresar al centro agrícola en ERIDU, el príncipe EA buscó a las bestias en el jardín, donde se alimentaban. Encontró a varios de ellos solos, se les acercó a ellos.

Una cuidadosa planificación y horarios precisos de reproducción les permitía sólo a ciertas bestias aparearse, y sólo bajo una estricta supervisión. Ninguna bestia podía copular sin la aprobación del *Señor de la Palabra*, los resultados podrían ser desastrosos.

Pero el príncipe EA, en el Jardín, presentó a las bestias a un simple placer... el placer del sexo espontáneo, el sexo sin supervisión. Reaccionando a partir de los instintos básicos, las bestias tomaron rápidamente la instrucción del Señor EA. Jugando al principio, más tarde serios en su disfrute, las bestias se divirtieron en el jardín.

El príncipe vio que las bestias se deleitaban en el placer de la intimidad. En una corta vida llena de sufrimientos y trabajo, los breves momentos de placer eran un regalo del cielo. Y con este nuevo conocimiento, la bestia podría ser como sus Amos, eligiendo de un momento de placer, sin programación, sin aprobación.

Las bestias se volvieron hacia el príncipe, él les había dado una pequeña muestra de la verdadera felicidad.

Su creador, un científico de Génesis, cuya marca era de dos hebras entrelazadas de ADN, como serpientes apareándose, les había regalado el conocimiento de 'saber'.

Con el tiempo, el clandestino "comportamiento" de las bestias llegó a ser conocido a sus amos. El Señor Príncipe EN-LIL, informó sobre la desobediencia de la bestia de las órdenes de conducta establecidas, se puso furioso. De inmediato se emitió una orden para reunir a todas las criaturas ofensoras, todas y cada una de las criaturas renegadas habrían de ser severamente castigadas y expulsadas de inmediato del Centro de la Vida.

¡El Príncipe EN-LIL no toleraría ninguna desobediencia!

El Príncipe EN-LIL sabía que de alguna manera su hermano había sido la causa del horrendo comportamiento criminal de la bestia. Sólo un científico Génesis podría afectar el temperamento del animal, sólo el príncipe EA podría haber tenido acceso a la criatura. EN-LIL estaba siendo socavado por su hermano,

¡Él lo sabía!

Sin embargo, EN-LIL, no iba a permitir que jugaran con él. Para evitar más transgresiones, fue emitido un nuevo conjunto de estrictas órdenes para las bestias ADAPA aún dentro del Centro de Vida y en las operaciones de campo.

Así, fueron emitidas las órdenes del Señor de la Palabra:

"Todas las bestias en el Centro Agrícola debían dar obediencia total y absoluta, ¡sólo al Señor EN-LIL! La lealtad al príncipe EA o a cualquier otro Señor Creador (K-D) estaba estrictamente prohibida.

Todas las bestias en el Centro de Agricultura debían una obediencia total y absoluta al Señor EN-LIL. Todos las representaciones del príncipe EA o de cualquier otro Señor Creador (K-D) debían ser eliminadas. Cualquier bestia que llevara cualquier recuerdo del príncipe EA sería castigada.

Todas las bestias que emitieran sonidos de enojo o sonidos molestos acerca del Señor EN-LIL serían castigadas.

¡Todas las bestias debían asistir a una lección de obediencia cada séptimo período!

El apareamiento de las bestias debía ser aprobado por el Señor EN-LIL. Ninguna bestia podía aparearse fuera del apareamiento aprobado por el Señor.

La lealtad al príncipe EA o a cualquier otro Señor Creador (K-D) estaba estrictamente prohibida.

Entusiasmados, los SSA-TA aprovecharon la oportunidad para apoyar un esfuerzo en contra de los ASA-RRR. Al debilitar el Imperio DAK, así también, las reinas SSS-T se verían debilitadas. Tal vez lo suficiente para que su propia rebelión en ARI-AN tuviera éxito. Enviando un comunicado para sus aliados a través del imperio ARI-AN, los SSA-TA levantaron un gran número de guerreros, cada uno sería un dedicado enemigo dispuesto para estar en contra de las Reinas SSS-T.

Al apoyar secretamente al príncipe MARDUK, hijo de EN-KI quien se erigía como una nueva fuerza, el éxito en la toma de control de las colonias ERIDU daría a los rebeldes SSA-TA un dominio tremendo en el Noveno Pasaje. Las Reinas SSS-T tendrían que negociar con ellos. De no tener éxito la rebelión, la muerte de MARDUK le daría satisfacción tanto a los sirios como a la Reina. El fracaso de una guerra civil muy lejos del imperio SSS-T sería tolerado por la Reina al no suponer en un principio un golpe claro.

Una vez más el espectro de una guerra se cernía en el horizonte del sistema solar ERIDU.

Pero el éxito de otra rebelión en ERIDU era remoto en el mejor de los casos. El Gran AN-U había hecho todo lo posible para asegurarse de que no pudiera acontecer otra guerra de Revolución contra sus dominios.

Para tener éxito, tendría que ser otro grupo el que tendría que dar apoyo activo al Príncipe MARDUK, uno que tenía un pie firme en el propio sistema solar de ERIDU y que era parte integral de las Fuerzas de Comando de EN-LIL.

En lo profundo de las operaciones mineras, los híbridos HEN-T se habían destacado como fieles servidores. Mucho antes de que los ADAMUS lo hubieran hecho, el híbrido HEN-T se había elevado a una posición como una de las familias reales más leales entre los administradores de ERIDU.

Y, aunque muchos miembros de las familias descendientes de la realeza habían usado a la bestia ADAMUS como administradores o jefes en jerarquía sobre otras bestias, el Príncipe EN-LIL había seguido utilizando sólo el HEN-T, por considerar que son una amenaza menor y mucho más obedientes. Principales cargos de nivel medio en la administración, eran asignados estrictamente a los híbridos HEN-T y nunca a una bestia ADAMA.

A diferencia de la bestia ADAMUS o ADAMA, el Señor príncipe de EA no la había alterado, no había manipulado al HEN-T a una inteligencia superior, por lo que eran más serviles y eran menos capaces de tomar decisiones y por lo tanto más cruciales para la guerra de la Oscuridad planeada por el Príncipe MARDUK, los HEN-T habían sido creados a partir de ADN de ciertos lagartos, por lo cual eran reptiles.

Como parientes lejanos de los rebeldes SSA-TA, podrían ser abordados y posiblemente manipulables.

Con los SSA-TA en la retaguardia y detrás de la escena, el príncipe y un ejército de maestros del engaño comenzaron su campaña para seducir a los siervos HEN-T del Señor EN-LIL. Prometiendo a los HEN-T que se convertirían en sus administradores, si la toma de control fuera un éxito, MARDUK y los SSA-TA utilizaron todos los trucos para cambiar el bando de los HEN-T al bando rebelde.

MARDUK incluso ofreció compartir la riqueza y los bienes del Imperio y el futuro territorio para su control. Su lugar en el Imperio de MARDUK sería insuperable, con excepción del propio príncipe.

Y así, comenzó secretamente la toma de control. Usando a híbridos HEN-T, creados y desarrollados por los ARI-AN-SSS-T para su propio uso, el vengativo

MARDUK secretamente maniobró a sus agentes a lo profundo de las minas, en las oficinas administrativas y en las Fuerzas de Comando del propio EN-LIL.

Como los híbridos HEN-T se habían movido en las filas de la administración del Príncipe EN-LIL, habían llegado a conocerse como 'TCHET-T', 'Aquellos de la TCHET' (la 'palabra'... siendo EN-LIL la 'Palabra')

Conocido como el "SUET-I" o "SHET" por los miembros de la administración de EN-LIL, se convirtieron en servidores de confianza de ambos, del propio Señor Príncipe EN-LIL y de las familias reales. Su lealtad nunca estuvo en duda, nadie sospechaba de la traición.

Lenta y silenciosamente, la conspiración comenzó, la trama era sencilla, los lagartos SSA-TA, entrenados para el subterfugio, se infiltrarían en las filas de los trabajadores HEN-T. Ellos difundirían el mensaje y reclutarían a la rebelión a sus primos lejanos. En poco tiempo, los SHET fueron capaces de persuadir a los lagartos HEN-T a entrar a las filas de los rebeldes.

Los HEN-T que se unieron a la trama llegaron a conocerse como los 'SHET-I',' Los Subversivos'.

Después de la infiltración inicial de las filas de HEN-T en las operaciones subversivas, la conspiración se trasladó a la esencia misma de la administración interna del Señor Príncipe EN-LIL.

Las fuerzas de Comando, incluyendo los departamentos de Comunicación y Logística, también fueron objetivos.

Cuidadosa y deliberadamente la conspiración se fue abriendo campo en todos los departamentos de la administración del Señor Príncipe EN-LIL.

Con el tiempo, MARDUK el Príncipe y los ocultos SHET-I estaban listos. Fue dada la orden para iniciar el ataque. Invadiendo ERIDU con sus embarcaciones de guerra, MARDUK atacó con saña y sin piedad. Fuerzas DAK y BEH de ERIDU fueron sorprendidas. Los trabajadores HEN-T en las salas de comunicación interrumpían los mensajes de la invasión, previniendo una eficaz acción defensiva.

Cuando finalmente fueron notificados, los Guerreros de DAK respondieron en las embarcaciones de guerra que habían sido saboteadas, habiendo sido inutilizadas. Muchas naves fueron desviadas, o les dieron las coordenadas equivocadas. Los sistemas de comunicación de ERIDU quedaron en silencio. EN-LIL había sido inutilizado. Los SHET-I, y los híbridos reconvertidos en rebeldes HEN-T, lo habían hecho muy bien.

ERIDU, la isla-puesto de avanzada del imperio ASA-RRR, era ahora el imperio ocupado por el Señor Príncipe MARDUK, hijo del príncipe EN-KI y nieto del rey AN-U. MARDUK había obtenido la victoria en la 'Conquista', respaldado por los rebeldes reptiles, había sido un éxito más allá de las expectativas. El sigilo y el subterfugio, había impedido la confrontación directa.

El Príncipe EN-LIL y sus seguidores huyeron de nuevo a los mundos distantes de ASA-RRR. El Príncipe EA llevó a muchos de sus seguidores y a las bestias ADAMUS a su sistema estelar, BAAL-EA-DAU (Pléyades), 'lugar de Baal (Señor), EA DA (el Creador)'. La Descendencia Real de los dos señores de EA y EN-LIL también se vio obligada a huir.

MARDUK llegó, vio y conquistó, aterrizando en el mundo ERIDU, su lugar en el trono era indiscutible. Para asegurarse de que ningún desafío pudiera ocurrir en el futuro, el príncipe ordenó de inmediato la búsqueda de los herederos reales restantes. La elección que tendrían sería un sometimiento total o la muerte. Todo el Imperio ERIDU se inclinaría ante MARDUK, él cuidaría que esto fuese así.

Una vez sentado, MARDUK comenzó su campaña final... la de cambiar o destruir cualquier registro que atribuyera cualquier logro heroico o real a nadie más que a sí mismo. Los monumentos de piedra, obeliscos y edificios fueron alterados por cortadores de piedra, tablillas de arcilla o madera fueron quemadas o destruidas. Ningún registro de ningún otro monarca quedaría. MARDUK se había convertido en el principio y el fin de todas las cosas, se había nombrado a sí mismo Señor Dios y Creador del Universo.

A partir de entonces, él fue el 'Dios Sol RRA'.

Y por lo tanto los registros de ERIDU fueron cambiados. La regencia de RRA MARDUK fue total y con carácter retroactivo.

Sólo un cambio aún no se había hecho. A los registros se le había dado una nueva cara, pero quedaron los recuerdos. Usando las técnicas de alteración de la mente de sus secuaces reptiles SSA-TA, el nuevo rey RRA ordenó la alteración sistemática de la mente de los seres de ERIDU.

Para llevar a cabo la monumental tarea, los SSA-TA convirtieron las estructuras existentes en cámaras de "reprogramación". Uno por uno o en grupos, los colonos y las bestias, Adama y Adapa, les fueron prometidas riquezas, propiedades, poderes, favores sexuales, cualquier incentivo que atrajera a las víctimas a los túneles que llevaban a las salas bien iluminadas de "reprogramación". Una vez dentro, los recuerdos eran borrados o alterados.

Recuerdos falsos, imágenes diseñadas para ocultar el recuerdo del evento eran a menudo implantados.

El Dios Sol RRA sería único Dios registrado, el único Dios en la memoria de los colonos. Las bestias que se negaban al tratamiento voluntario eran capturadas y llevadas por la fuerza a la cámara de alteración de la memoria para nuevos ajustes. Algunos EA-SU huyeron al desierto o a las altas montañas, para grabar allí en piedra pistas de la secreta "toma de control", de RRA el dios Sol y los Shet... Antes de su captura y re-programación.

De alguna manera sabían que la verdad saldría nuevamente a la luz. Las pistas, sin embargo, permanecerían ocultas, hasta que fueran descubiertas y reconocidas o descifradas. (La 'Cara de Marte' y las 'ciudades abovedadas de la Luna' son dos ejemplos.)

Con el tiempo, los SHET-I completaron su tarea. El pueblo de ERIDU había "olvidado" por completo sus orígenes.

Sin embargo, a medida que fueron por caminos separados, cada uno tenía una vaga inquietud, algo que ya no estaba allí, algo que faltaba. Y curiosamente, a pesar de que parecían no tener antecedentes comunes, cada uno finalmente recuerda, cada uno en su memoria albergaba el recuerdo de una luz brillante al final de un túnel.

Cada uno sabía que debían ir hacia la luz y entrar en ella... porque allí residía su recompensa final.

Para asegurarse, los SSA-TA tomaron una precaución más.

Para asegurar que la 'pasión' inculcada en la Bestia, y que el Don de la Pluma no diera un impulso a la rebelión, los rebeldes lagartos construyeron enormes torres que transmitirían una nube de señales electrónicas diseñadas para mantener a la Bestia en una niebla, en un estado de docilidad. La sábana electrónica también sirvió como cubierta impidiendo que señales exteriores alcanzaran a la Bestia. A nadie, ni a EA, ni a EN-LIL, ni a las Reinas ARI-AN se le permitiría ponerse en contacto con la bestia.

shett Rec. 19, 16, to dig, to excavate.

SHET - Crocodile
(Depicted by a tablet, hand, lizard and crocodile)
SHET - Guardian, Trustee
(Depicted by a lizard and a hand)
SHET meant 'To work in a quarry'

shet , Litanie 78,
Mission I, 219, crocodile, large reptile

SHETT meant 'To dig or excavate'
(Depicted by a lizard, two hands and arm with whip)
SHET-TI meant 'Digger' or 'Excavator'
(Depicted by a lizard, a hand, an arm with a whip)
SHTI - Pit, hole, excavation
(Depicted by a lizard and a half-circle)
SHTI - He who is hidden
(This literally meant 'someone below ground')
SHTA, SHTA-T - To be hidden or secret
SHET - To take, seize, snatch, carry or drag away,
     to drag out, to transport
(Depicted by a lizard and a hand)

shet, shti , U. 154, 284, 432, 470,
P. 670, , P. 93,

SHETSHET - To overthrow
(Depicted by lizard and hand repeated)
SHTI - 'To take away, to seize'
(Depicted by a lizard and a hand)

to take, to seize, to snatch, to carry
or drag away, to withdraw, to transport, to drag
out, to disembowel a beast, to save, to deliver,

SHTI - Title of an official
(Depicted by a lizard, a hand and upright figure)

Shett (símbolos) Rec. 19, 16, cavar, excavar

SHET – Cocodrilo (representado en una tablilla, mano, lagarto y cocodrilo); Guardián, Ejecutor, fideicomisario (representado por un lagarto y una mano).

(Símbolos y letras: shet, Litanie78 símbolos
Misión I, 2298, cocodrilo, reptil grande).

SHET – Significando 'trabajar en una mina, cantera'

SHETT – Significando 'Cavar o excavar'
(Representado por un lagarto, una mano, un brazo con un látigo).

SHET-TI – Significando 'Cavador' o 'excavador'
(Representado por un lagarto, una mano, un brazo con un látigo).

SHTI – Abismo, hoyo, excavación
(Representado por un lagarto y un medio-círculo).

SHTI – Aquel que está escondido
(Esto literalmente significaba 'alguien debajo del suelo').

SHTA, SHTA-T – Estar oculto o secreto

SHET – Tomar, agarrar, arrebatar, atrapar, acarrear, arrastrar, transportar
(Representado por un lagarto y una mano).

Retirar, desentrañar a una bestia, salvar, entregar.

SHETSHET – Derrocar
(Representado por un lagarto y una mano repetidamente).

SHTI – 'Quitar, agarrar'
(Representado por un lagarto y una mano).

SHTI – Título de un oficial

(Representado por un lagarto, una mano y una figura vertical).

Para controlar aún más la Bestia, las casas de Obediencia del Príncipe Marduk, ordenaba que la bestia debía visitar la casa cada siete días para clases de obediencia, así fueron controladas por los SSA-TA.

Las doctrinas que apoyaban al Imperio se convirtieron en dogma. Las enseñanzas, los caminos de EA, se convirtieron en malos y en palabras de un demonio. EA, un K-D dador de vida (DS) se convirtió de 'DA-EA BA-EL' (Creador EA, Señor Padre"), en el "Maligno", el 'Diabólico'.

Sin embargo, los SHET-I no dejarían nada al azar. En caso de que surgiera a la superficie alguna tableta de arcilla con una inocente historia de antiguos seres, mitad hombre y mitad bestia, o de seres estelares que volaban en el cielo, o un Dios rebelde en el monte Olimpo... estas serían fábulas y mitos de un hombre primitivo imaginativo. Estos eran cuentos de fantasías, nada más. El hombre 'racional', el hombre 'trabajador' no debía preocuparse por cosas de niños.

La negación del mundo ante el Señor RRA era completa.

Los lagartos SHET-I que habían tomado parte activa en la toma de control y reprogramación fueron elevados a la condición de Grandes Lores (Señores) y administradores de los sistemas existentes y de los trabajadores. La era de los Señores de SIRIO y de los

Amos se había acabado. Príncipe EN-LIL, el Señor de la Palabra, se había ido. La era 'Dorada' del crecimiento y desarrollo se había agotado.

ERIDD, un primitivo sistema solar desarrollado hasta convertirse en una fortaleza por un rey de la Estrella Sirio; ERIDD, un planeta casi destruido en una guerra de rebelión encabezada por el Señor de la guerra, el Señor ZO-ZU (Zeus) y reconstruido por unos científicos de Génesis; ERIDU, el primer establecimiento y ciudad del planeta re-nacido; ERIDU, el lugar de las conquistas y las guerras, el lugar del sometimiento y del reinado de las estrellas era ahora ERIDU, un mundo con una historia reconstruida, un pasado inventado, RRA era el Dios Sol, pero los reptiles estaban a cargo.

Como lo habían hecho los ASA-RRR antes que ellos, los SHET-I comenzaron a aumentar la producción y la eficiencia de la operación. Además, sin embargo, entraron en el desarrollo y la producción de un nuevo producto, una droga llamada 'S-MA'. Una vez fue la droga utilizada sólo por los Reyes, los SHET-I, empezaron a fabricar y a vender esta droga a todos los seres de las galaxias. Los beneficios se dispararon y el Señor RRA se convirtió rápidamente en uno de los reyes más ricos en todo el Noveno Sector.

Con su riqueza acumulada, RRA construyó un imperio y un ejército sin rival. Su alianza con los SSA-TA había dado al Señor RRA los medios para mantener a AN-U y a otros Guerreros conquistadores alejados. ¡El Señor Dios RRA viviría para siempre!

¡O por lo menos así lo esperaba!

El Gran Señor Dios RRA gobernó con mano de hierro, los caminos de la ASA-RRR aún estaban en sus venas. Los SHET-I administraban el reino de ERIDU, fría y eficientemente. Pero el Señor RRA no confiaba en los SHET-I. Si ellos eran capaces de traicionar a su propia reina, no dudarían en traicionar al Dios RRA.

Los SHET eran reptiles de sangre fría, sin compasión por ninguna raza. Y, a pesar de que él era Dios, RRA era un forastero. Su relación, su alianza, era nada más un negocio y ya no lo era para ellos. RRA sabía que no podía confiarse.

Y así, el Señor, RRA trasladó a su palacio a los sacerdotes de mayor confianza, y sus hijos los llevó a tomar el control del Imperio. Conocido por todos como 'RA-KA', 'RRA, el Señor Padre', instruyó a sus hijos en el manejo de la riqueza del Imperio. Al serles asignadas sus posiciones, llegaron a ser conocidos como "RA-KA-M", "hijos de Ra". (Tiempos más tarde serviría a los KA-M convirtiéndose en KAM, el nombre de un escudo. Esto daría a los hijos de la RA un nuevo nombre, "RA-KAM", 'los del Escudo de RA').

Para mantener el control del crucial Centro de Re-animación, el Señor RRA había elegido a un grupo selecto de sacerdotes para proteger y ser responsable de las cámaras. También servirían como Señores Administradores de los asuntos del Imperio. Reconocidos como los 'RA-KA-PER-A-A', o los 'Faraones

RA-KA', ellos servían como fieles secuaces al Señor RRA.

Pero el Señor Dios RRA no era omnipotente. Su poder, su imperio, era dependiente de los SHET-I. Reconociendo que su trono era vulnerable, el Señor Dios RRA reconsideró la posibilidad de una re-unión con el Imperio ASA-RRR. Su riqueza y poder sin duda le daba el poder de negociación. El Señor Dios RRA se encontraba en la necesidad de una nueva alianza para protegerse a sí mismo.

Pero una vez más era demasiado tarde.

Antes de que pudiera hacer nada, en la oscuridad de la noche, un golpe de Estado fue llevado a cabo. Sin violencia, ni batalla, simplemente los SHET-I, silenciosamente tomaron el control de todo. Al salir el sol sobre el palacio, los SHET-I tenían el control. Todas las fuerzas y élites guerreras del Señor RRA fueron encarceladas o eliminadas. Sólo quedaba la tarea de capturar al mismo Dios RRA.

Pero el destino estaba con el Rey Sol. Fieles seguidores del rey entraron a su cuarto Real y lo despertaron de su sueño. Para su buena fortuna, un plan de escape había sido ideado para alejarlo de las garras de sus perseguidores, con los guardias de los reptiles a sus talones, el Señor RRA apenas pudo lograr escapar. Pero una vez lo consiguió, miró hacia abajo desde su nave en lo alto, y vio lo que fue su magnífico imperio, pero ahora ya no lo sería más. El Reino de RRA ya no existía.

Con la partida del Señor RRA, la época del Imperio de gobierno Sirio sobre ERIDU había terminado. ERIDU, un sistema solar que había sufrido devastadoras y destructivas guerras, había caído sin batalla a los reptiles SSA-TA. Los seres subterráneos habían deshecho exitosamente los imperios del Dios Sol RRA, del Príncipe EN-LIL, del Gran Rey AN-U, e incluso el de las Reinas ARI-AN SSS-T.

Los SSA-TA se convirtieron en señores del mercado S-MA, un comercio ilícito rentable, y amos del Noveno Pasillo, las vías estelares necesarias para viajar desde y hacia las estrellas centrales y el imperio ARI-AN.

En un rápido, audaz movimiento, los SSA-TA se convirtieron en una de las razas más poderosas y ricas en el Noveno Sector. El control del sistema solar no sería dejado al azar, la manipulación de las mentes de todos los habitantes, incluyendo el control de las mentes de la descendencia de RRA, sus sacerdotes de confianza todos los miembros de la corte de RRA, se llevó a cabo de inmediato y por completo, sin dejar cabos sueltos.

Lo que el Señor RRA había comenzado... lo terminarían los SSA-TA. La eliminación de las memorias y el control de las mentes serían ampliada para incluir a su propia familia y corte. A partir de entonces, el ESCUDO RA y el faraón Raka serían fieles, aunque inconscientes siervos de los Reptiles.

Las bestias ADAMA continuaron con el trabajo de sus nuevos amos, sin darse cuenta de los cambios, sin saber que eran esclavos. La vida significaba trabajar todos los días para los Amos. Si la bestia tenía buen desempeño, sería puesta a pastar.

En algún lugar, en los débiles recovecos de su mente, la bestia recordó memorias de una vida pasada. "Hay más que lo que se nos está contando... la bestia se diría a sí mismo. La bestia estaría en lo cierto..."

NAASHA un término que significa 'ser fuerte, ser grande' fue representada en los tempranos jeroglíficos con un brazo con un látigo. En épocas posteriores, fue cambiado a un glifo de "lagarto". Ninguna explicación ha sido ofrecida para ello.

PESTCH-T, un término que significa 'Los primeros y más grandes Nueve Dioses' fueron representados en los tempranos jeroglíficos por un hacha. En eras posteriores, los símbolos del hacha

se convirtieron en cocodrilos.

CAPITULO X

LOS SHET-I

Durante los últimos cuatro mil años, el hombre ha sido engañado.

Los SHET-I todavía están aquí. Los nativos americanos que saben de ellos los llaman "CHET-U", "Hombres Lagarto", ocultos en la oscuridad, salen de sus guaridas para atormentar y para usar a los seres humanos para sus propios fines.

Los SHET-I son conocidos hoy como... los 'GRISES'.

Creados a partir de los materiales genéticos de los seres SSS y los propios seres ASA-RRR, los SHET-I son lagartos híbridos que conservan muchas de las características de sus progenitores.

Como los seres ASA-RRR (EA, EN-LIL, AN-U, etc.) tenían grandes lóbulos craneales (mayor capacidad cerebral) también los tienen los Grises. Sin embargo, los ojos grandes y negros recuerdan más a la tendencia SSS de ojos enormes, sobre todo si tienden a vivir en cuevas, cámaras subterráneas, donde la luz es mínima.

Los SHET-I también retuvieron la altura en general más corta de su pequeña ascendencia de lagartos y una gran fragilidad de su cuerpo. La comparación de las extremidades de los lagartos pequeños muestra una similitud muy fuerte.

Como descendientes de los reptiles SSS, los SHET-I también han conservado el color de la piel y la textura de la piel de los reptiles. Un gris moteado de color beige pálido en su color de piel, la piel SHET-I es fría y "pegajosa" al tacto. Aunque los seres ASA-RRR tenían fosas nasales y orejas, los SHET-I, tienden a no tener más que agujeros para ambas fosas nasales y oídos (reminiscencias de las serpientes) Sus "manos" son reptiles, con garras y palmeadas.

Varios informes indican que el cráneo de los grises tiene una cresta ósea cristalina definida que separa los hemisferios del cerebro. Este es un resultado directo de las 'mejoras' que el Príncipe EA hizo en los SHETI.

Huesos cristalinos en el cerebro permite una mayor receptividad de las señales de control.

Un informe secundario revela que los **GRISES** están dotados de un sistema de dos corazones, su significado se discutirá más adelante. Prácticamente no poseen tracto gastrointestinal, ha sido reducido a casi nada por el uso persistente de glándulas. Los órganos reproductores generalmente no están presentes, la reproducción no es una función de la existencia GRIS.

Durante miles de años, los Grises han sido los principales, aunque no los únicos agentes, detrás de los fenómenos que conocemos como 'abducciones'. Utilizando técnicas de alteración de la mente de sus antepasados SSA-TA, los Grises continúan borrando recuerdos y alterando mentes como "máscara" para ocultar la experiencia de una víctima.

Los abducidos casi siempre reportan pérdidas de memoria, un estado mental alterado en general, sin cambios a menos que se produzca una recuperación de la memoria externa o hipnosis.

Numerosos psicólogos informan de recuerdos implantados, al parecer, con la intención de colocar una cortina o pantalla del caso real, enterrado en la psique de la víctima abducida. A menudo, un cierto temor indirecto a los GRISES se refleja con síntomas secundarios como el temor de ojos grandes de búhos, venados y otros animales.

Aunque la alteración de las mentes de las víctimas que sufren secuestros puede, y en ocasiones lo hace, aumentar las capacidades mentales (es decir, clarividencia psíquica, clari-audiencia, etc.) el propósito de los secuestros no es benevolente, sino más bien sucede para borrar recuerdos 'inadecuados' o preparar a los sujetos para otros propósitos.

Los informes universales de manipulación de la mente, un 'apagado' completo del cuerpo, implantación de memorias y borrados de memorias confirman que los métodos antiguos de los SSA-TA no han sido míticos pero, en realidad, son técnicas utilizadas por grises hoy en día. Asimismo, los lagartos SHET-I no son seres míticos nacidos de la imaginación de una civilización de hace miles de años, son reales.

Y residen juntos a nosotros, vigilándonos, ejecutando secuestros y borrando nuestras memorias como una cinta de vídeo en blanco... Mientras servimos a sus propósitos.

Les pertenecemos...

... Por ahora.

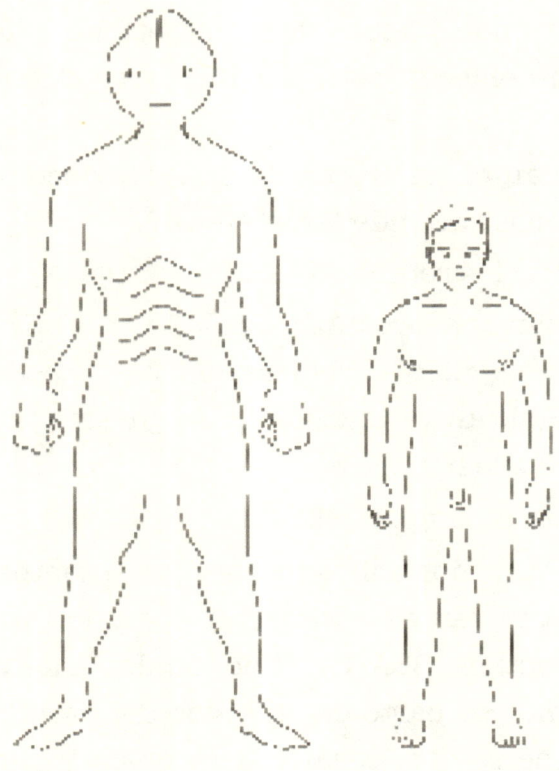

 ## CAPITULO XI

LA GUERRA

Habiendo leído los materiales de estos documentos, el lector está, sin duda preguntándose a sí mismo:

Si lo que el autor ha propuesto en estos documentos es cierto, entonces ¿Dónde están ahora?

¿Dónde están los reptiles SSS-T?

¿Dónde están los seres ASA-RRR EA, EN-LIL o AN-U? ¿Están los reptiles rebeldes SSS-TA todavía en su control? ¿Habrán ya terminado las guerras por ERIDU (la Tierra)? ¿Se han ido?

La respuesta es simple... NO.

En los últimos dos mil años, varios intentos se han hecho para tratar de socavar el dominio total de los rebeldes reptiles SSA-TA. Uno de los intentos más recientes fue por parte de un brazo del propio imperio SSS. Al penetrar en la capa electrónica y ponerse en contacto con un ser humano vulnerable llamado Adolfo Hitler, quien admitió libremente que las visitas del movimiento de los 'Antiguos', un movimiento mundial 'ARIO', encabezado por un cuerpo élite 'SS', casi tiene éxito derrocando la totalidad de nuestro "dócil" mundo.

Si, como sugiere el autor, los ARI-AN continúan en sus esfuerzos por recuperar el sistema solar, los nuevos movimientos derivados directamente de la SSS deberían manifestarse. Aparecerían en forma de grupos de supremacía "aria", como cabezas rapadas, Fraternidades Blancas, Neonazis, etc.

Reptiles como seres "heroicos", o "amigos", luchando en nombre de Nan, aparecerán en todos los aspectos de los medios de comunicación. Personajes como Barney, Tortugas Adolescentes Mutantes y otros súper héroes se convertirán en héroes de nuestros hijos y modelos a seguir. Reptiles, en particular en la forma de dinosaurios van a aparecer por todas partes en nuestro pequeño mundo. (Nota: Esto ya ha ocurrido y continúa).

Los SIRIOS, los creadores originales de las religiones solían controlar al Hombre, también han tratado de tomar el control. Las recurrencias de fervor religioso se han apoderado del mundo en épocas pasadas, la Inquisición, las Guerras Papales, los numerosos "Mesías" y los "Avistamientos milagrosos" han sido esfuerzos para devolver al hombre a los pliegues de la influencia ASA-RRR.

Si ellos también están tratando de apoderarse de la Tierra como sugiere el autor, entonces, un retorno al fundamentalismo también deberá ocurrir.

Aunque la imagen de los ángeles como protectores de la humanidad comenzó con los 'EN-KI-LES del príncipe EN-KI', 'Señores de EN-KI', posteriormente los poderes de la Iglesia eliminaron la figura del ángel príncipe EA y la asignaron a su propio dominio. Para establecerse como la única salvación del futuro del hombre, la Iglesia (el sistema ASA-RRR), en la forma y la imagen de los ángeles se aparecen por todas partes.

Como una señal para los seguidores de SIRIO de que la Nave Estelar AR ha partido de este sistema solar, imágenes de enormes naves estelares planetarias y equipos compuestos por heroicos salvadores de la humanidad y la Tierra, estarán en todas partes. Hay "buenos" cuerpos celestes que se dirigen a nosotros.

Para contrarrestar la imagen de cuerpos celestes "bueno", los reptiles SSA-TA están llenando las ondas aéreas con imágenes de 'caída de asteroides', cometas estrellándose, ambas cosas poseen la intención de causar preocupación en la población mundial, lo que justificaría el objetivo de misiles anti-asteroides dirigidos hacia el cielo para propósitos "defensivos".

Debido a que la manta electrónica colocada sobre el Hombre y la Tierra es tan impenetrable e intensa, impide o hace ilegibles otras señales entrantes de transmisión, de las fuerzas ARI-AH y las fuerzas ASA-RRR.

En un intento de comunicarse con los hombres, especialmente aquellos que son capaces de recordar o descifrar las "pistas", se están enviando señales visuales. Son los llamados "Círculos de las cosechas" o crop circles.

Los círculos en las cosechas destinados a las fuerzas subterráneas Sirias, poseen un sorprendente parecido a los antiguos jeroglíficos egipcios. Los Crop circles destinados a las fuerzas de Lord RA a menudo tienen un diseño en forma de balón de fútbol (la "boca" de RA), o un círculo con un punto en el centro (el "Dios sol Ra"). Los círculos que recuerdan la cruz celta y otras formas de 'Cruz' están destinados a las guerrillas de Sirio, haciéndoles saber que no han sido olvidados.

Crop circles destinados a las fuerzas ARI-AN a menudo tienen una forma de serpiente. Criaturas como insectos o bichos también son parte del intento de comunicación.

Formaciones matemáticas (Mandelbrot, triángulos, etc.) son señales del príncipe EA a la Bestia, que se 'sostenga', que él no se ha olvidado de su 'experimento renegado'.

Algunos círculos de cosechas son 'grafitis' colocados por "transeúntes". Otras muestras son deliberadamente Crop circles alterados, distorsionados por nuestros propios gobiernos o por agencias de los mismos, para evitar que sea liberada "demasiada información" al público.

El mundo del hombre está siendo bombardeado por señales de la guerra en curso.

"Lagunas mentales" en forma de películas, libros, anuncios en revistas, cómics, anuncios publicitarios y comerciales son un suceso diario, visible si el hombre sólo viera... y escuchara.

¿Va a ser molesto para la humanidad? Sí.

Pero la "Granja" no debe ser molestada. Nadie quiere destruir la 'Granja'. Y, puesto que sus Bestias asistentes (la humanidad) pudieran correr en estampida en las próximas guerras del sistema solar, y por lo tanto provocar la destrucción de la granja, la Bestia debe ser controlada.

La implantación de un dispositivo de control mental, sería deseable, pero desafortunadamente es muy poco práctico. Si un dispositivo de control en el cerebro no es factible, entonces un dispositivo externo colocado en la proximidad inmediata del cerebro es una alternativa viable, pero ¿cómo puede la Bestia encajar y esperarse que lleve el dispositivo... voluntariamente? La bestia debe ser engañada.

El cerebro humano funciona en las frecuencias electrónicas que corresponden con un único dispositivo en el mercado minorista de hoy, un dispositivo llamado teléfono celular. ¡Hecho consumado!

Nuevos dispositivos electrónicos personales, otra forma de unidades de control, también aumentan en número y variedad. Casetes, reproductores de CD con auriculares, cascos de realidad virtual, analizadores de ondas cerebrales, computadoras portátiles, localizadores personales, Tablets, Smartphone y una serie de nuevos dispositivos mantienen al hombre "cubierto" con la manta electrónica adormecedora y manipuladora.

Drogas en forma de medicinas o medicamentos, modificadores de los estados de ánimo, dietas y control de peso, analgésicos, pastillas para dormir y que previenen los sueños también serán utilizados para controlar al hombre. Drogas recreativas, incluidos los cigarrillos, el alcohol y los narcóticos, son otra parte de los programas de control diseñados para mantener al hombre dócil.

Para evitar cualquier posibilidad de que el hombre se sienta motivado a tomar posición contra cualquiera de los grupos en batalla, y luche por sí mismo, la modificación del comportamiento requerirá que a ningún ser humano se le permita la condición de 'Héroe'.

Por lo tanto, sólo las personas cuyos ejemplos de comportamiento sean "apropiados", recibirán reconocimiento y premios.

Víctimas, mártires, prisioneros de guerras torturados, personas que mueren en servicio de su país... todos los ejemplos de seres humanos que no se rebelen, sino que soporten un gran sufrimiento... Estos serán los nuevos "héroes", los nuevos modelos. Cualquier ser humano que se acerque demasiado a la condición de héroe, que se comporte de forma independiente, será el blanco de campañas de difamación y lo peor, todo con la intención de destruir su mensaje.

El control de la población debe aumentar en intensidad y en el número de programas. Sólo a los hombres y mujeres "adecuados" se les permitirá continuar dentro del sistema de la "Granja".

Desapariciones y secuestros, especialmente de mujeres y niños se incrementarán.

El 'adelgazamiento' de poblaciones indeseables aumentará, nuevas y misteriosas enfermedades transportadas en el aire se desarrollarán. Hoy en día los tratamientos médicos serán cosa del pasado, suscitaran los de eficacia mínima en todo caso. (El 'brote' HENTA, ¿los lagartos Hent-T? ¿Una coincidencia?)

La obesidad aumentará, la pasividad se volverá deseable, y la disfunción sexual se acrecentará en los hombres. Un aumento en las transmisiones electrónicas hará que la mayoría de los ciclos menstruales femeninos se reduzcan de 28 días a cerca de 25 días de período.

Para mantener el control de la Humanidad, la NASA debe ser eliminada, o al menos rigurosamente restringida en su alcance. El hombre debe quedarse varado en el planeta Tierra. La búsqueda de vida inteligente no debe ser continuada. Debe ser abandonada. Podría hacerse una falsa afirmación de descubrimiento, pero el resultado final debe reafirmar la inutilidad de tal búsqueda.

El escenario está listo. Se libra una guerra. ERIDU es el premio, el hombre es el siervo.

Mientras el hombre busque la salvación "ahí fuera", estará allanando el camino para los seres que compiten

para convertirse en sus amos... *(Abajo el libro de Brad Steiger recomendado en 1994 por Roberto Morningsky en la conferencia que asistí de UFO UNIVERSE).*

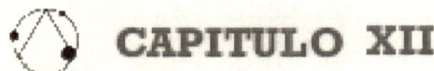

CAPITULO XII

EL HOMBRE

Los OVNIS o existen, o no existen...

Si no existen, entonces la historia que acabas de leer, la historia de los dioses y los mundos, las rebeliones y las "tomas de control", no son más que delirios y desvaríos de un narrador demente.

Si existen, entonces ¿Por qué son tan vehementes nuestros gobiernos en la negación de su existencia?

Hay más fotos y videos de Ovnis que de un fenómeno científico natural llamado "rayo de bola". Sin embargo, el enigma de los 'rayos de bolas' aparece en las enciclopedias y en los textos aceptados en todas las clases de ciencias en nuestras escuelas públicas.

Hay más testigos de primera mano confiables y profesionales de OVNIS, de los que hay de los fenómenos del "rayo de bola". Los registros del gobierno muestran que muchas investigaciones sobre los OVNIS han sido dirigidas por distintas agencias, incluso negando públicamente que existen.

Si existen,

¿Por qué no han respondido a nuestras señales de contacto?

¿Por qué no hemos oído hablar de ellos?

¿Por qué no hemos recibido ninguna señal de radio?

¿Pudiera haber, como sugiere el autor, una manta electrónica, que les impide llegar a nosotros?

¿O estamos siendo rechazados?

¿Estamos residiendo en la oscuridad para evitar el pánico en todo el mundo?

Si son benévolos, no habría pánico, habría alegría en las calles, alegría en cada vida.

El Hombre y el ser extraterrestre trabajando juntos, ¿Qué suceso más grandioso que este podría ocurrir?

Y si son benévolos, ¿por qué ocuparse sólo de los gobiernos del mundo?

¿No sería más eficaz revelar el propósito de su presencia a cada persona en esta Tierra?

¿Se les impide, por algún tipo de ley intergaláctica interferir en el desarrollo de nuestra forma de vida?

Si hay tal ley, ¿quiénes son las entidades "canalizadas" que inundan al mundo?

Si de verdad son canalizadas, si de verdad son benévolos, entonces la ley intergaláctica ha sido rota y somos libres para ser contactados en masa y a la vista de todos los pueblos de nuestro planeta.

Dejando a un lado por un momento la canalización, si hay una ley de la no injerencia, ¿no son los secuestros una violación de esa misma norma? Si los secuestros son benévolos, ¿por qué a los residentes del mundo no se les aconseja de sus maravillosos beneficios? ¿No correríamos nosotros para ser 'tratados' como son tratados los secuestrados?

Dejando a un lado los secuestros. Si hay una ley que impida a un extraterrestre benevolente el contacto, ¿no serían las oraciones de millones de seres humanos pidiendo una "intervención divina" suficiente para convencerlos de hacer contacto?

¿O es que no están dispuestos a ayudar, porque no hemos completado los formularios "correctos" o seguido los canales adecuados?

Si son verdaderamente benevolentes, preocupados por el bienestar de la humanidad, la cláusula de no interferencia no puede explicar por qué no han hecho contacto con nosotros. De hecho, no existe ni se presenta ningún argumento "racional" para el no-contacto. ¿Está el autor argumentando que los Ovnis y los extraterrestres son malévolos? No. Ellos son egoístas, son de Servicio a Si Mismos. Nos ven como ganado. Como nosotros percibimos a las vacas, cerdos u hormigas. La Benevolencia o malevolencia está en el ojo del espectador. Si el hombre les sirve bien, será recompensado. Esa es la benevolencia. Si el hombre opta por no estar al servicio de estas entidades, se convertirá en prescindible.

¿Es eso malevolencia?

Continuará en el siguiente volumen sobre los hallazgos egipcios de Arizona y los gigantes indios...

★★★ Más información: www.lavozdelviento.es

BIBLIOGRAFIA Y FUENTES CITADAS

Joan Bird: Montana UFOs and Extraterrestrials

Dr. Ardy Sixkiller Clarke: Encounters with Star People: Untold Stories of American Indians

Bette Stockbauer: Native American prophecies, UFO's and the coming of a messiah

Robert Morningsky: Los Ficheros de Terra

★ En Amazon Venta mundial:

   ► https://www.amazon.es/¿Que-nueva-ATLANTIDA-Quienes-ILLUMINATI/dp/154642975